萕書坊

谢谢张存学、杨晓帆、饶翔、王春林、郭艳、张鸿、走走、舒晋瑜、王苏辛、程青、贺嘉钰、木叶、何平诸君!

商兑未宁

文学对话集
(2013 — 2020)

弋舟 著

陕西师范大学出版总社

图书代号：WX21N0517

图书在版编目（CIP）数据

商兑未宁：文学对话集 / 弋舟著 .—西安：陕西师范大学出版总社有限公司，2021.5
ISBN 978-7-5695-2119-1

Ⅰ．①商… Ⅱ．①弋… Ⅲ．①中国文学—当代文学—文学评论—文集 Ⅳ．①I206.7-53

中国版本图书馆CIP数据核字（2021）第053926号

商兑未宁：文学对话集
SHANGDUI WEINING：WENXUE DUIHUA JI

弋 舟 著

选题策划	刘东风　郭永新
责任编辑	张　佩
责任校对	王淑燕
装帧设计	张潇伊
出版发行	陕西师范大学出版总社
	（西安市长安南路199号　邮编710062）
网　址	http://www.snupg.com
印　刷	陕西龙山海天艺术印务有限公司
开　本	787mm×1092mm　1/32
印　张	7.625
插　页	4
字　数	120千
版　次	2021年5月第1版
印　次	2021年5月第1次印刷
书　号	ISBN 978-7-5695-2119-1
定　价	39.00元

读者购书、书店添货或发现印刷装订问题，请与本公司营销部联系、调换。
电话：（029）85307864　85303629　传真：（029）85303879

目录

与张存学对话 | 001
漏网之鱼

与王春林对话 | 019
我更愿意它是在描述人之困厄与人之自由的可能

与郭艳对话 | 025
因为你已经在说伟大的事物

与饶翔对话 | 035
他有那么一个愿望升起,这已经显得弥足珍贵

与杨晓帆对话 | 069
以虚无至实有

与张鸿对话 | 093
你得常常地倍感空虚

101 | 与王苏辛对话
重逢准确的事实

121 | 与舒晋瑜对话
顽强地重建着的垮掉的生活

131 | 与王苏辛对话
对更普遍的生活的忧虑

147 | 与程青对话
自我省察和眺望时代

163 | 与贺嘉钰对话
等光来

183 | 与木叶对话
未被算法所穷尽的文学与人间

219 | 与何平对话
以小说作为方法

与张存学对话

漏网之鱼

张存学 我最近一连读了你的六篇小说,篇篇都是精粹之作。这也是我近年读的国内最好的小说了。在一定程度上,谈你的小说很难找到一个参照系,你的小说就是你的小说,它们的造型力量是独特的,如果拿某种现成的话语来谈你的小说显然是行不通的。现在,我还是从我读后的感觉来开始这次对话吧。读过你的小说,我首先有一种震颤感,每读一篇都是如此。为什么会被震颤,我想还是因为你小说中那种幽深之处的力量,它赋形而成的人物在平淡的表面之下却有着沉默的尊严,在其幽暗中存在着漂移、飞升、错落、破碎、归位等状态。一句话,你将人的被忽视的,其实也是人最重要、最根本的生命底色呈现了出来,这需要能力,而且不是一般能力。从这方面谈谈你的创作。

弋舟 沉默的尊严——我将此视为对于我小说创作的极大褒奖。如果说,我的小说中,具有这样的一种力量,那么这样的力量只能来自我们描述的对象本身——人。是"人"最重要、最根本的生命底色令我们战栗。这种底色被庸常的时光遮蔽,被"人"各自的命运剪裁,在绝大多数时刻,以卑微与仓皇的面目呈现于尘世。那么,是什么令我们这些造物的恩宠蒙尘?是原罪,是性恶,还是天地不仁,以万物为刍狗?这个诘问的过程,就是"人"漂移、飞升、错落、破碎、归位的过程。我不过是在演算这样的过程,力图去还原"人"的底色,但答案永远未果。而探究一个未果的命题,极尽可能地去追究,恰是小说这门艺术恒久的题中应有之义。

小说家需要训练的,并不是解题的能力,而是解题之时巨大的热情和不懈的耐心。就是说,作为一个小说家,他要训练自己对于一个虚无之事的根本性的迷恋,让自己的目光不仅仅局限在人伦关系的庸常描述上,他还要将眼目投射于超验性的哲理的底盘,明知道无解,却永远孜孜以求,他在无效又无望的劳作当中,成就自己的意义。在这个意义上,一个严肃的小说家,就是触犯了诸神的西西弗斯。当小说家如此定义自己的时候,他本身便已经给出了"人"的底色。就像那块不断滚落、让一切前功尽弃的石头之于西西弗斯,写作之事对于一个小说家,既是苦役,亦是命之所系,他在绝望之中盼望,找到一个差强人意的

"人"的价值。

张存学 你的小说有一种优雅感,我说的优雅感是指你的小说整体上的雅致,谋篇布局,语言的精准到位,以及一篇小说整体呈现出的艺术底蕴。谈谈你是如何做到小说的优雅的。

弋 舟 多年前我写过一个创作谈——《写有教养的小说》,我愿意在这里将"教养"与"优雅"等同起来。在小说中,优雅显然不仅仅指涉某种约定俗成的做派,它更是一种和谐,从文化的陶冶中产生,也在文化的陶冶中发展,这个产生与发展的过程,的确事关教养。粗粝乃至粗鄙,驾驭得当,也会具备优雅的气质,但在我们今天的文学语境中,驾驭失当的粗粝乃至粗鄙却甚嚣尘上,小说作为一门艺术的自觉性,被写作者大面积地忽视或者从来没有意识到过。这样的图景,当然会令一个有抱负的小说家心生憎恶,他难免就要在自己的创作中重申这门艺术的准则,捍卫这门艺术的门槛。

于是,整体上的谋篇布局、语言的精准,这些基本的行规,就会被格外地强调。要做到这些,无外乎需要小说家有自己的荣誉感和对于所为之事的自觉性,对自己有礼貌，不能原谅自己的缺点——打铁、修鞋的师傅们都有着自己的职业道德，一个小说家焉能不以教养为根本，去替自己的行当申辩？尤其在今天，优雅必须成为对于粗鄙的反动，为此，我宁肯不惜以那部分被约定俗成了的优雅做派，来约束和规定我的写作——我们当下的创作，实在是，嗯，太粗陋了。

张存学 看完了你的中篇小说《等深》，我在想你在这篇小说中的创作动机。显然，在这篇小说里有你很重的思索痕迹，这不同于你有些小说中那种割裂、沉落与尖锐飞升的切肤感，也不同于你有些小说的那种内在的自在性。在《等深》中，二十多年前的那个夏天，是小说中当下几个人物纠结在一起的背景，一个具有时代性的背景。你谈谈你的这部小说吧。

弋 舟 这个中篇算是我的最新作品，它的确和我以往的小说有所不同，是我写作面貌的最新实证。这种调整，是我作为一个写作者，遵从于自己生命轨迹的自然呈现。所谓自己的生命轨迹，一个最大的意义便是，从生物年龄上论，我已经迈入了不惑之年。

每个写作者，在不同的年纪，一定会有不同的感悟，而迈入不惑之年的我，除了依旧顽固地执着于那种内在的自在性，外部世界的严峻与狞厉也格外地被我体会着。这也许只是我的一己之念，并不代表一个小说家必然会有的嬗变。我想说的是，我强烈地感受到了，我就要去诉说，要去以小说的方式表达。这也是一个小说家必须具备的那份诚实吧。

而我如今的心绪，越来越与时代休戚与共。我终于明确地知道，我们的时代、我们的背景，就是我一切悲伤与快乐的根源。我想，也许当我竭力以整全的视野来关照时代大气质之下的个体悲欢时，才能捕捉到我天性中力所不逮的那些时代的破绽，这也许会赋予我的写作一种时代的气质，唯有此，才能解决我天性中根深蒂固的轻浮，让我以缺席的方式居住在避难的时空里。

张存学　读你的小说还能感到小说之外的一种力量，这力量就是对生命和生活的洞彻感和此在感。在感受这一点时我更多地想到的是你的写作状态，我想你始终与你自己、与你的生活，以及与你周围的一切都有一种共生感、一种紧张度，也就是说，你始终置身于生命与生活的敏感中。这对一个创作者来说是非常重要的。而且，能看出来，你非常清醒地保持着这种敏感。

弋　舟　我们看到过太多的才华横溢者倒在了混世的油滑上。他们混世的目的，不过是降低与尘世的紧张度吧？而要命的是，文学之事，从来要求它自身与世界保持一份古老的敌意。这份古老的敌意，就是文本之外提供给文学的那种力量，它需要有痛感，需要有憔悴。这种痛感和憔悴，当然不是打麻将输了钱之后的痛和醉酒后呕吐的憔悴，它只来自更为浩荡的命运本身，尤为重要的是，想要捕捉到它，你还必须要格外清醒地懂得——你就在这里，这就是你的命运，无论它像惊鸿一般短暂，还是如夏花一般灿烂。

在这个意义上，写作者都该是清醒的宿命论者。他时刻眼睁睁地、清醒地看着自己"被背叛"的生活，后背生寒，乃至自我厌弃，不浑噩，无麻醉，即便偶尔艳羡混世者的得意，也终究只能臣服在自己那被给定了的任务中。

文章憎命达，这是一个颠扑不破的真理吗？诚然，它的确在某种意义上部分地命中了写作者命运的靶心。但如今说起来，会显得矫情，而且会被大量的失败者用作狡辩的托词。我们姑且把这句话当作一个严肃而又严酷的调侃吧。

张存学 你说得非常好。"终究只能臣服在自己那被给定了的任务中",这话意味着你的写作是被一个更深的召唤所给定,这个召唤是原在性的。达到这个层面的写作是少之又少的,在这里,你来谈谈你是如何达及这个层面的。在谈这一点时,你顺便谈谈你的阅读经历,谈谈阅读对于一个作家的重要性。

弋 舟 让我们假想一下我们的先辈——某位第一个在承受过动物性悲欢之余,突然想要表达些什么的家伙。斯时,天地洪荒,除了欢笑与泪水这样的生理性现象,我们的这位先祖突然有了要去格外抒发些什么的动机,并且将其以某种非动物性的方式表达了出来,或歌之咏之,或舞之蹈之。对人类而言,这一刻,便是艺术的起源。我想,那一刻,我们的这位先祖一定是听到了某种隐秘的召唤,当他以自己的方式呼应了这个召唤的时刻,生理性的欢乐被加强了,动物性的痛苦被降低了,抑或都被加强与降低了,总之,别样的滋味闪过了他的胸膛。于是,他势必乐此不疲,从此发展出了精神的需求。不是所有的人都会如此自觉,这位蒙召的,或被群体视为了先知,或被部落尊为了巫师,由此,他便被"任务性"地裹挟在某种迥异于茹毛饮血的命运里。这种命运的促成,是双向的,既是族类的要求,更是玄奥的勒令。我这样去描述夸张吗?也许是。但文学与艺术的从业者,没有这份夸张的自觉,怎么可以去胜任?

如何达及这个层面?那种天然的自觉我们将其称为天赋。天赋当然重要,这还需要强调吗?在这里我想说的是,天赋只关乎"天",要去做一个合格的作家,我们还必须回到对于自身的训练。比我们那位先祖幸运的是,今天我们从艺之时,人类文明已经为我们储备了浩如烟海的经验。而一个作家汲取这种经验用以训练自己的不二法门,当然便是阅读了。

自幼我就处在一种被书籍包围的成长环境里,这个环境即是命定,而我也积极回应了这种命定。阅读对于我,也许已经不能仅仅称其为一种生活的方式了,它就是生活本身,是水、阳光和空气。至今,我依然保持着每年千万字以上的阅读量。由此,我反对如今盛行的某种"反智"的倾向。如果我们足够尊重我们今天这座已经远非石器时代那样荒芜的文学圣殿,就应当不仅仅满足于像我们那位第一个蒙召的先祖，只唱出比兽语曼妙不了多少的歌咏，只跳出比猿猴稍微高级一些的舞蹈。在这个意义上，阅读对于一个现代作家的重要性，是不言而喻的。

张存学 我认识你是在本世纪初，到现在已经有十几年时间了。这十几年你一直在甘肃。你的写作其实是超越地域性的。地域决定论在一定程度上是一个谎言。在这里，我想让你就你的写作来谈谈你的经历。

弋 舟 时光一旦被回溯，总是这么令人伤感。认识你的时候，我不足而立，先感谢这些年来你对我的爱护，也一并感谢这个地界上多年来对我错爱有加的兄友们。关于地域性和作家之间的关系，这是一个老问题了，也许，这个问题对我而言，更容易成为一个被追究的问题。我的经历简单归纳一下，就是：20世纪70年代出生，西安生西安长，十多年前来到甘肃，娶妻生子，饱尝这个时代所有人都需要领受的滋味，同时读书写作。众所周知，如今你我都被纳入在西部文学乃至甘肃文学的观察范畴之内，对我们而言，这个指涉与我们身处甘肃这一事实有着合理的逻辑关系，符合"身在甘肃的作家所创作的文学"这一"甘肃文学"的所指。

如果我们承认,当我们以一种地理意义上的版图来言说文学时,里面的确首先预判了某种必然的"故土原则"的话,那么,一旦我被纳入这种言说,就必然会感到莫名的尴尬。我的祖籍是江苏,父亲一辈便来到了西北,而我,比父亲往西北跑得更西北了一些。我们两代人的轨迹,便是一个离故土越来越远的图景——我没有故乡。因此,即便"身在甘肃的作家所创作的文学"这个"甘肃文学"中最被忽视,乃至只是为了概念的完备才勉为其难需要罗列进去的指标将我的写作也一网打尽的时候,我依然会不由自主地想要与之分辨。也许,此一分辨,会将我从"甘肃文学"的大网之中释放,让我成为漏网之鱼;或者,此一分辨,能够为"身在甘肃的作家所创作的文学"这个指标增加一些可资勘验的样本,使得那张大网更加地接近于穷尽的可能。

你也许听出了我委婉的抱怨——这其实并非是我想要表达的情绪,只是我所面临的问题,在表达之时,天然就会有这种"不甘于"的腔调,毋宁说,这是一种"乡愁"使然的腔调。实际上,作为一个小说家,对此我非但不抱怨,在某种意义上,还充满了欣悦。一个没有故乡的人,被扔进"故乡言说"的强大语境里,这一点,在煎熬着我的同时,也恰恰助力在我具体的写作当中。瓦尔特·本雅明对于讲故事的人和小说家之间的差别做出过这样的区分:"讲故事的人取材于自己亲历或道听途说的经验,然后把这种经验转化为听故事人的经验。小说家则闭门独处,小说诞生于离群索居的个人……囿于生活之繁复丰盈而又要呈现这丰盈,小说显示了生命深刻的困惑。"同样,如果我们承认,今天我们所说的甘肃文学,里面的确还强烈地以"经验"作为基本指标的话,那么,我们就得承认,这个指标已经有悖于本雅明对于小说家的定义了。当理论以"甘肃作家身在甘肃"这一"经验"要求,来剖析甘肃文学的时候,必然更多地以一种"甘肃经验"来期待甘肃作家。这种期待即便不是赤裸裸的,起码也是潜意识中的。经验,在本雅明那里,是指"亲历",这种"亲历",甚至不是一种简单的置身其间,以"甘肃文学"这个今天似乎已经约定俗成的概念而论,它就是在说:甘肃作家务必去表达甘肃的山川风貌、世态炎凉。先不论这种要求是否蛮横,至少,它是将文学之事狭窄化了,对于"甘肃文学"这一存在,先天地预设出了理论上的诸多藩篱。

而小说家，在本雅明那里，恰恰该是一位自觉地抵抗乃至瓦解这种"经验"的人——他从物理、地理意义上的现场退后，从理论的现场退后，将自己孤立于"故乡乃至理论的要求"之外，从而使自己成为一个"得不到别人的忠告，也不能向别人提出忠告的孤独的个人"。这就是一个又一个的辩难时刻：理论试图最大限度地去涵盖研究对象，而研究对象则努力最大限度地游离出去。这种博弈般的互动，如果促发出良性的力量，那么双方均可因此收获体面的教养。就是说，只有动力与反动力之间有效地作用于对方，才是积极的、真正可被期待的态势。那么，在这个意义上，甘肃作家对于甘肃文学的反动，张弛之间，此起彼伏，也许恰恰是双方的福音。

可是，"反动"何其难。尤其是今天，在创作基本上被评论任意涂抹与褒奖的语境中，甘肃作家想要焕发出"反动"的勇气，的确尤为艰难。这种艰难，其一，源自评论莫名其妙的强悍，其二，当然源自被评论者无可奈何的孱弱。这种孱弱更大的根源在于，被评论者首先尝到了被涂抹的甜头。甘肃作家在甘肃文学的理论要求下，配合这种理论的趣味乃至利益，养成自己的趣味乃至分享利益，足以使其丧失"反动"的动力,与理论达成某种"共谋"与"依附"的关系。在这一点上,我自认,我这位没有故乡的"甘肃作家",恰恰因此得以维护了一个小说家应有的立场和自我期许。即便我有志于书写"甘肃经验",我也会被自己的情感阻拦;如果我貌似熟稔地去描摹符合甘肃文学所预期的"甘肃经验",我会感到羞愧。因为,我真的并不具备这个理论所要求的那种内在的"故乡情感"。这种羞愧必然使得我丧失一个甘肃作家显而易见的那种利益优势,丧失那种相对容易的叙述策略,但是,它在让我焦灼的同时,必定又敦促我走向那条本雅明所说的"小说诞生于离群索居的个人"之路。

当理论依然在要求作家投奔"史诗",要求他们"聆听、做梦、收集"的时候,我不得不去做一个"真正孤独、沉默的人"。而这种被迫获得的能力,也许才是"身在甘肃"给予我的最大馈赠。当今天"对小说的叙述者来说更为困难的情况是,正如摄影使绘画丧失了许多在传统上属于它们的表现对象,新闻报道以及文化工业的媒介也使小说丧失了许多在传统上属于它们的表现对象"时,作为一个小说家,这种能力的生成就格外宝贵起来。我不依赖甘肃的物理经验,对于甘肃的经验描述,小说已经难以也不必承担起全部的责任。也许,当小说这门艺术被逼迫得越来越窄细的时候,它才真正有了"把人的存在表现出来的不协调推到极端"的可能,才具有了自身存在的凭据与理由。

张存学　下面我们谈一个比较麻烦的问题,这个问题就是当下中国的评论对于小说读解的问题。我曾听过和读过许多评论家对于一些小说作品的评论,他们大体都是先有一个自己的言说框架,然后将小说作品纳入其框架内进行评说。他们的这些框架或者是借用国外的某种"主义"和理论,或者是自己挖空心思归纳出来的条条框框。而且,他们能够言说的小说是他们觉得能够言说的小说,面对他们不能够言说的小说,他们就失语。王小波的小说就是如此遭遇,许多评论家在王小波的小说面前不能说话,也无力说话。你的小说所呈现的景观大概也是如此,因为你的小说与所有的评说理论和既定的言说套路都不搭界。在这里,我和你谈这样一个问题是一次降低,在这个降低的层位上谈这样的问题是为了警觉。你看呢?

弋　舟　是的,创作与评论之间的关系,又是一个老生常谈的问题。可是这样的问题,为什么我们还必须常常谈及——哪怕是在降低了层位的处境中?我想,对这类问题反复论及,必定还是有它的现实意义,对于这个意义,你找到了一个非常准确的词——警觉。

其实在上一个问题中,我们已经多少涉及了这个问题。文学之事能不能说?我想应该是能的。问题是怎么说,用什么态度来说。当我们对他人、对自己那种大而无当的述说感到厌倦甚至憎恶之时,其实应该警觉的,并不是那个被说之事的糟糕,而是我们这些说的人很糟糕。同时,我们不应当惧怕空泛,这也是没办法的事。在我看来,空泛,乃至空虚,亦是文学的题中应有之义,这个我们避免不了的,就像我们避免不了人生一样。而且我们还得做好准备,当我们说文学时,同样也避免不了陈词滥调,因为,离开了陈词滥调,我们已经几乎无法把一件事说得稍微明白点儿了。

我一度认为,对一个成熟作家最妥帖的评判,也许只应当来自另一个对等的作家,并且这里论断的意思都不太多,完美的话,应当是一种切磋与探讨。因为,同样是在干一个工种,并且级别相当,这样才能形成那种比较有效,同时也令当事者相对买账的气氛。就好比两个钳工,而且在技术职称上大家都是三级或者四级,一个对另一个加工出的活儿提些意见,彼此促进一下,提高一下,重要的还有温暖一下,岂不是种最舒服的局面?我们不是否定评论的价值,而是否定那种脱离了文学本质的评论。尤其在当下,我们的评论如同所有的学科一样,都在无与伦比地趋向教条,评论家们普遍缺乏对于文学的那种天赋型的感知能力,这些,都导致了评论呈现出了如你所说的这番面目。更为严峻的是,今天,评论还成为某种"科层化""制度化"的统摄文坛的工具,一切的失意与得意,都需要评论来臧否,这未免会生出一幕幕荒诞的图景。

2008年帕慕克来华,在北京开他的作品研讨会,简短发言之后,研讨会即将正式开始,他却起身离座,一路走了出去。后来主持人解释了他的意思,大概就是他觉得面对这么多人,听大家谈他的作品觉得很不好意思。于是在座的学者、评论家便面对一把中国的椅子,展开准备好的发言稿,一个接一个地读下去。这种研讨,对于帕慕克有什么意义?他的离席,我将其视为某种巨大的"羞怯"。这种巨大的"羞怯",对于一个小说家何其重要,这几乎就是一种世界观和生命态度了。这种态度对于一个商人或者官员无关紧要，甚至会是妨碍，但对于一个有志于小说这门艺术的人，却是堪称紧要的基本气质。在这个意义上，任何一场针对小说家的会议，都是伤害，是压迫和取闹。好在帕慕克携诺奖之威，给我们捍卫了一下小说家的尊严。

创作者渴望被评论加冕，这原本无可厚非，但如果我们的评论大面积地荒谬，那么这种加冕即是耻辱。我们不应当低估作家们的操守，被这样的评论忽视、丧失那种瓜分文坛利益资格的同时，向内自省的目光，必定恒久地存在于那些真正的偏执者身上。我想，对于你这个问题的回答，巴恩斯的话或许是一个结论："作为一个作家，我写作的理由越来越少（如喜欢文字、对死亡的恐惧、希望出名、创作的喜悦、讨厌坐办公室等等），只为一个首要的理由：我相信最好的艺术表现最多的生命真实。"

《艺术广角》2013 年第 4 期

与王春林对话

我更愿意它是在描述
人之困厄与人之自由的可能

王春林 弋舟兄,你好!虽然这篇《平行》不过是篇幅只有一万字左右的短篇小说,但我却格外认真地接连读了两遍。首先要请教的一个问题是,你为什么会对老年人的题材产生浓烈兴趣?我知道,此前的你曾经在实地采访的基础上完成过一部可以被看作是老年关怀题旨的长篇非虚构文学作品《我在这世上太孤独》,并发表在《当代》杂志上。这个短篇小说可以被看作是那个作品延伸出的副产品吗?可否谈谈二者之间的关系?谈谈你对当下时代日趋严重的空巢老人现象的理解与看法?

弋 舟 诚如春林兄所言,这个短篇与《我在这世上太孤独》有着直接的关联。空巢老人现象毫无疑问已经成为我们这个时代的重大问题,在某种意义上,我甚至愿意将之视为我们这个时代所有困境的基本"表征"之一,它所含纳的,除了伦理与社会学的意义,更有某种深刻与复杂的"时代性的悲怆与无力"。然而这个短篇,却不是以探讨这个问题为旨归的,至少不完全是,驱使我将之写出来的根本动力,依然是我对小说艺术本身的着迷。我想提醒自己,当"关照现实""书写中国经验"成为今天紧迫的要求之时,小说作为一门艺术,它自身的某些规律性的要求,依然同样紧迫。

王春林 短篇小说是一种明显不同于中长篇小说的文体类型,有着自己特定的艺术表现范式。这一点,在这篇《平行》中体现得同样非常突出。从表面上看,你的老年人书写,所呈现出的不过是一位中过风的罹患老年痴呆症的老人的日常生活状态。具体讲述的故事,一是老友的见面,再一个是与前妻的会面,再有就是最后的逃离老人院。完全可以说是波澜不惊,毫无传奇色彩。表面上风平浪静,内里却是暗潮涌动。如此一种艺术处理方式,很容易让我们联想到海明威的冰山理论。而且,更进一步说,海明威的冰山理论似乎就是为短篇小说这种文体量身定制的。可以这么理解吗?请弋舟兄结合《平行》谈谈对短篇小说这一文体的看法。

弋 舟 真是高兴,春林兄愿意在这样的层面上与我交流。海明威的冰山理论的确是一个洞见,它在短篇小说的写作上,给出了一个非常适用而且漂亮的比喻。但由理论到实践,谁都知道这里面有多么遥远的距离。海明威有他冰山之下的经验,我们有我们冰山之下的经验,然而我们如何将我们的经验有效地容纳进短篇小说这个局限如此之大的文体里,实在是考验我们的能力。这种能力,除了具体的写作技术,还在于我们是否能够练就极目远眺的目光以及深沉体察所有来路的心灵,当这些都差强人意地被我们"自觉"了之后,一个小说家还需要赋予这一切某种限度的"虚无",让小说回归"无用之用"。这种种之要求,通过短篇小说这一文体来强化,算是最为恰切的,所以我赞成所有的小说家都时不时地写写短篇吧,它可以令你对这门艺术矢志不渝,可以令你不时变得清醒,可以令你保持住一种非常重要的小说家必备的气质。

王春林 在以前关于你小说的评论文章中,我曾经把你小说的艺术结构概括提炼为"询唤式结构",即整部小说是围绕一个疑问性问题的深入探究而结构连缀成文的。这一次的《平行》也同样如此。从小说一开头提出"老去"究竟是怎么回事儿这一问题起始,这一关键性问题便贯穿文本始终。可以说,整篇小说都可以被看作是对这一问题的思考过程。我的理解能够成立吗?请展开谈谈你对小说结构的理解认识。

弋舟 春林兄对我的小说有着非常精当的梳理,这对我的启发同样很大。如何结构小说,每一个作家可能体会与手段都不尽相同。也许我在写作中是那种主体意识介入比较强的作家吧,每一次提笔,都有着强烈的"问题感",由此,一路追索与"询唤",便成为基本的书写轨迹。至于这种方式是否足够令人满意,现在我也无法断然作答了,我想,它同样也极有可能成为我之局限,毕竟,太过条分缕析,太过目标明确,无疑是会伤害到艺术性的,对此,我已经开始警觉,唯有继续修炼吧!

王春林 时下中国的小说创作,与曾经一度过分关注人的物质性生存不同,可以说出现了一种专注于探究人的内在精神世界的写作趋势,我把它称为"精神叙事"。我个人认为,弋舟兄近一个时期包括《平行》在内的一系列小说作品,完全可以被看作是精神叙事的代表性作品。请问你是否认可我的这种判断?可以说一下你对精神叙事的基本认识吗?

弋舟 我始终顽固地认为,所有艺术存在的理由,更多的是建立在对于人内在的精神性的关照之上,对于人的物质性关注，理应交给其他的行当——这里面无关优劣，仅仅是分工之不同。所以，在这个意义上，《平行》可能便无关"空巢"，甚至无关老人，我更愿意它是在描述人之困厄与人之自由的可能，至少，是一个中国人的困厄与自由的可能。这一点，在小说里也许我并没有做好，那么，我仍将加倍努力。

《收获》微信公众号 2015 年 11 月 13 日

与郭艳对话

因为你已经在说伟大的事物

郭　艳　20世纪80年代先锋文学对于后来中国当代文学写作的影响非常巨大，怎么评价都不为过。从先锋文学开始，中国文学写作真正开始凸显作家的主体性。在中国古典和现代传统中，作家有个体性和个人风格，但是很难突破中西方传统诗学范畴，但是80年代先锋小说解构了政治及文学主流意识形态对创作的束缚，与此同时她又的确难以维系。这个访谈不是探讨先锋文学本身，而是重点探讨"70后"写作自身与先锋文学在小说观念、技术、文本意识等方面的承继关系。你认为"70后"写作与80年代先锋文学在小说技术上是否存在明显承继关系？请具体谈谈对自己写作的影响。

弋　舟　我非常认同你对先锋文学的这个指认，并且也赞同你在讨论之前首先廓清我们谈论的边界，否则，泛泛而谈，只会导向混乱和无效。当我们将讨论只限定在你所规定的这个范畴里时，我认为一些起码的共识还是比较容易达成的，那就是——我们这代作家，毫无疑问，在小说技术上深刻地受到过昔日先锋文学的侵染(其实,说是受益,我觉得也并不勉强),同时,我认为先锋文学对我们更大的感染还在于,它在我们提笔之初,就帮助我们建立了比较纯正的艺术观和审美趋向。由此,明显的承继必然发生——尽管,如今已经貌似换了人间,我辈也貌似换了容颜。以我个人的经验而论,这种关系可能更加明确,如果不是被那代先锋所打动,我有可能便不会走上写作之路。我必须承认,昔日的先锋文学在我眼里何其迷人,那时,先锋英雄们以自己的才华,以自己的"中国经验",书写出了甚或比世界大师们更加令我感到亲切的中国小说,这仿佛突然拉近了我与人类一流作品的距离,从而在某种程度上,给予了我巨大的写作勇气。

郭 艳 80年代先锋文学秉承打破公认规范与传统的理念,在语言和形式方面进行文本实验。十多年之后,先锋作家又集体转向写实主义。目睹这样的文学转向,作为后来者,"70后"是如何看待这个问题的?在"70后"实力派作家中,形式风格创新与照亮现实有效叙事之间的纠结是否是一种普遍现象?你在文本中是如何处理这个问题的?

弋 舟 对于这种集体的转向,我并没有感到过多的不适。首先我在很大程度上是一个感性大于理性的人,我曾受惠于他们,于是便顽固地信任他们乃至宽宥他们,同时,我也相信,作为一个成熟作家,他们的每一次变调,必定都是基于了严肃的抉择;其次,我也开始了自己的写作,这让我能够感同身受地体察这些流变内在的动力。这样,便不能不涉及写作者所身处的时代——尽管我们如此"简单粗暴"地划分了代际,但事实则是,我们与先锋前辈依旧共同生活在这个时代里,我们面临的问题与困局,几无差别。至于"70后"一代作家是否普遍纠结,我难以替同辈代言,但这种纠结于我而言是存在的——可能"纠结"一词并不准确,在我,或许没有"纠结"这样的强度,我所面对的,也许只是一个小说家理应要去处理的问题。在我看来,这样的辩难,差不多就是小说家恒久的工作要义。我总觉得,人就该缺什么补什么,在我,如果说天然便会局限在对形式风格的着迷之上,那么,我便格外需要补充和强化对现实的体认与关注,由此,反应在具体的创作中,我会努力令自己保持对现实的警觉。以创作经验而论,我的这份警觉的确拓宽了我的写作,也令我的写作有了"矜重与诚恳"的美学诉求,但我也发现,对于形式风格的自觉,同时亦能激发我对现实萌发出新鲜的触摸方式,它能令我变得更加敏感,在思维方式上,不至于过分地因循守旧——在这个意义上,形式风格的创新,就是我们照亮现实的基本前提或者途径之一,从而,我们的叙事,才有可能成为文学意义上的有效叙事。

郭　艳　对你影响最大的80年代先锋文学作家是谁?如果有,请谈谈他对你的具体影响,对他的经典文本进行个案分析。如果没有,请谈谈自己的写作技术准备是如何完成的。

弋　舟　这真是令人惊讶,原来不想不知道——我如此高举昔日先锋文学,但当你让我细数究竟受谁影响最大时,我竟无从说起。我想,我受惠于他们的,可能更多的是一种如同空气一般的存在。至于自己的技术准备是如何完成的,我实在难以自称如今我已经完成了这个准备——这或许该是一辈子的事情。当然,最初的模仿毋庸置疑,具体到分行断句、使用标点符号,我们最初都是从头学起的。

郭　艳　先锋文学源自西方现代派文学,从《拉鲁斯词典》先头部队说,到文学艺术的创新说,先锋文学发端于一群自我意识强烈的艺术家对于"不断创新"的追求。"创新"不断变化和现代性时间观念是同质的,现代就是对于传统的颠覆,先锋更是具化到对于被禁忌的、遭受忽略题材的引进和提倡,从而达到解构传统、突出变异的目的。"70后"创作对先锋文学这一现代派的内核是否有着自觉的认知?在写作中有无表现?如果有,请举例一二。

弋 舟 我想,这种对于现代派内核的"自觉",绝大多数"70后"是没有的,我们之所以被之吸引,或许完全是因为"本能"。也许,我们更应当看重这样的"本能"。我的经验是,当"自觉"形成,局限与机械几乎便会同时降临,我不少失败的写作尝试,都与此有着不容分说的关系。

郭 艳 80年代先锋文学完成了形式上的革新,但是鉴于历史和现实等多方面的因素,她无法完成西方现代派文学对个人与社会、人与人、人与自然、个人与自我间畸形异化关系的多样认知,从而无法真正触及现代社会的精神创伤及其所反映的时代情绪。从这个角度上来说,80年代先锋文学作家个性膨胀,但是作家作为国族表达者的现代主体意识依然阙如，因此在某种程度上是空心的。请问你是如何看待个体自我与他者及其整体世界的关系的？请以自己的小说文本创作来具体阐释一下。

弋 舟 这种局面令人感伤唏嘘，但是没有办法，我们就是需要面对"历史和现实等多方面的因素"，饱尝其苦，挣扎踟蹰。但是，这种"空心"的书写，除去"多方面的因素"，不争的事实也同样在于：我们的无力——能力的无力，勇气的无力，天赋的无力。承认这一点，或许对我们的写作更有益一些。个体自我与他者及其整体世界的关系，更多的时候，我是趋向于虚无的，总有一句早年的摇滚歌词在我脑子里回旋——"他们都比我美"。这种一己的确认，必然会令我充满了被世界与他者所隔绝的情绪。但是，我依旧和这个世界共振着，这是生命本身的事实，我无从否认，也并不渴望否认。在这种双重的力量之下，我的写作也必定被打上了如此的印迹——我是旁观者，也是参与者。或许"刘晓东"系列，对此反映得比较充分，我自罪，也想自救。

郭 艳 80年代先锋文学严肃郑重地提出了"怎么写"的问题，当下写作的难题似乎更在于"写什么"，"怎么写"

和"写什么"其实是一体的。请以自己的一个短篇来谈谈"70后"作家是如何处理这个问题的。

弋　舟　迄今我写过的最短的一个短篇大概是《有时候，姓虞的会成为多数》，大约不到七千字（具体的文本阐释，在这里就不展开了）。以我的经验，我还是通过形式感来驱动这篇小说的，由此，我对现实的体察才成为"有意味"的体察。我总觉得，"怎么写"永远是一个作家恒久的第一要义，这是我们将自己与其他艺术乃至其他行业区别开来的基本前提，如果说，某一天文学会消亡，那么我想，彼时一定首先是这第一要义的丧失殆尽。这就好比，我们搭建了一间设备齐全的实验室，继而，实验的对象才有了被实验的可能。这也许只是我的个人认知，但我不惮于将之视为行业标准。如果说我们今天的文学变得无力了，我更愿意相信的是，这首先是我们文学手段的贫乏使然，首先是我们没"写"好，其次才是我们的目光短浅。

郭　艳　中国社会的急剧转型，造成了现代与传统的断裂，同时又形成了观念上前现代、现代和后现代在中国社会的并行不悖。在这样芜杂的价值体系中，何为先锋和创新已经变成了一个急需辨析的问题，请你谈谈自己的看法。

弋 舟 我从来都怀疑文学之事是会日新月异的,我也从来反对文学的因循守旧。"先锋"于我,是眺望,亦是回望,"创新"于更我是恒久的盼望。我们今天所面对的这芜杂的一切,是考验,是椎楚,是某种生机勃勃的狂欢的条件,亦是某种成就杰出的可能,我无力专断地辨析这一切,这种"混沌",可能是我的局限,也可能是我的希望。就好比,我之歧路却是他人之坦途,反之亦然。在这样的时刻,也许一个朴素的答案会更能够安顿我们商兑未宁的心,那就是,"热爱"会拯救我们的一切。对于文学的"热爱",就是先锋,就是创新的开端。我觉得,这样的时刻,我们是否更应当重拾文学的信心?当整个世界仿佛都在轻视乃至鄙薄我们这个行当的时刻,我们岂能从"申辩"退为"招供"?

郭 艳 如果说80年代先锋文学坚持艺术超乎一切,注重对现代社会人的异化和内心抽象神秘经验的揭示,在小说技术上广泛采用暗示、隐喻、象征、联想、意象、通感、意识流动等手法,由此形成多层次结构文本。对当下的写作来说,如何将先锋的小说技术和作家现代主体认知交融互补,在现代小说文本中呈现出更为深广的人类意识和人文情怀？请谈谈你的看法。

弋 舟 前辈们积攒下的这些文学资源，我们自当珍惜，我们由此披挂着浑身的武器上场了，这让我们不至于和世界一交手便一败涂地。而战之能胜，"更为深广"地打赢那终极的战争，当这样的命题出现之时，武器或许便又不再显得那么重要了，风格、技术、"怎么写"，一瞬间又令人痛苦地变得苍白。这就是文学之事的迷人之处，这就是文学之事的痛彻之处。而那远大的抱负和悠长的目光，在我看来，只能有赖于我们内心那种或许与生俱在的神圣的种子。原谅我无从"技术性"地回答这样的问题，因为你已经在说伟大的事物。

《文艺报》2015年12月21日

> 随兄未宁
> 与饶翔对话

他有那么一个愿望升起,这已经显得弥足珍贵

饶　翔　这两天集中读了《蝌蚪》和《我们的踟蹰》。《蝌蚪》是几年前的，出版是2013年1月。

弋　舟　最初发表在《作家》杂志上。

饶　翔　书的后记标明是2012年7月写的。

弋　舟　是专门为这个书出版写的后记。

饶　翔　发表更早是吗？

弋　舟　发表应该是2006年了。

饶　翔　那就是发表了好几年才出的。

弋　舟　对。

饶　翔　我感觉两本书写作的差别还是挺明显的，《我们的踟蹰》写得更成熟，我也蛮有兴趣跟你聊聊这个小说的。我觉得你每本书的后记和前言都写得特别好，以前我们也没怎么聊过天，不知道你平时是不是很健谈，但是我觉得你书面表述得特别清晰。

弋　舟　我不大善谈，这些年可能还好一些，以前跟人交流都会有点儿障碍，这几年还行。

饶　翔　但是你写没问题。

弋　舟　写没问题。

饶　翔　我觉得你的后记写得特别清晰，自己对于创作观念、写作动机什么的，都表述得特别清晰。

弋　舟　跟写作的朋友也专门聊过这事：作家的主体意识特别强是不是一件好事？《我们的踟蹰》核心意向分明，写的时候自己是很清楚，这可能就少了点儿那种不在控制之内的混沌。但是没办法，我就是这么一个作家，起码写这部作品时是这样的一个状态。"特别清晰"，当然有时也会成为一个问题。

饶　翔　你写作一开始就这样吗？意识很明晰。

弋　舟　差不多。早期写《跛足之年》，即便不是百分之百想好了，也基本上是知道写这个东西自己意欲何为，要表达什么，然后怎么围绕着意图去表达。

饶　翔　你和朋友讨论的结果是什么？

弋　舟　没结果。

饶　翔　我觉得《蝌蚪》还有一些混沌的东西，《我们的踟蹰》就没有，这部小说一定是你想得特别清楚的。想得清楚究竟好不好，确实很难判断，但我觉得还是《我们的踟蹰》更打动我。有一个细节特别打动我——李选在雪地里救曾铖那一场,李选在曾铖撞了人之后放他走,并且吻他,曾铖做出一个鸟的飞行的动作;前面一个细节也很打动我,他们已经在撞人事件之前,做了一个决定,就是认可了自己那种作为"药渣"的命运,不再与命运做"抗争"。那段我就觉得,你的处理是想得很明白的,就是中年人的沧桑无奈感,中年情感危机、存在危机。老板张立均当然也有这样的中年危机。你这部小说是处理了三种不同人的中年危机。小说上部是李选的视角,中部是张立均的视角,最后切换到曾铖的视角。

弋　舟　写这个小说时我的确想得很明白,你说的这些,也的确是我意欲表达的一部分指向。老实说,这样的写作风格我并不擅长,或者说并不热衷,一度甚至还有所排斥。有一次跟《当代》的洪清波老师聊天,他对自己文学立场的阐释,部分地说服了我,所以后来就动笔写了这个小说,第一部分作为一个中篇发表在了《当代》上。

饶　翔　对于洪老师的文学立场,你个人的理解是什么?

弋　舟　《当代》强调尊重读者,要求作品"好看",要跟时代有比较密切的关联,要反映它,这是《当代》的文学诉求,所谓现实主义的文学立场。这样的小说我能不能写?抱着试一试的愿望,就动笔了。而且,进行这种尝试,的确是由于我自己的文学观念也发生了一些变化。

饶　翔　我感觉我比较喜欢第一部分。

弋　舟　这次创作是我写作多年最没有愉快感的一次,写到后面,几乎都有点儿厌恶了,每天硬逼着自己写够一千字了事。完成之后《作家》发出来,《当代·长篇选刊》很快也选了,他们觉得还不错。我不免产生疑问:这两家作风严谨的刊物究竟喜欢这部小说的什么?为什么跟我的自我感受会有落差?于是,我也开始质疑自己此前的一些文学观念。

饶　翔　你写作时不愉快的原因是什么?

弋　舟　有种根深蒂固的不适感。我们这代作家,大约算是在现代主义的小说美学哺育下提笔上路的,条件反射似的反感老老实实的、现实主义的描摹方式,在我,这种"条件反射"可能更甚;再者,都市情爱这样的主题,在我,写不好还怕写得庸俗,觉得风险挺大,一般不太愿意去染指。所以这次写作,对我有个矫正,至少也算是一次磨砺。

饶　翔　王安忆很早之前写过一个东西，分析现实主义和现代主义，她说现代主义写好了也非常好，但是现代主义是有一套方法的，这个可以习得，它对于刚学习写作的人是有诱惑力的，但事实上，最后考验作家对于世界的把握能力的，还在于他的写实功力。她可能还有一个意思没有明说——其实现实主义有些东西是不好糊弄的。

弋　舟　最简单的说法就是"画鬼容易画人难"。我们说了许多年作家与生活的关系，很多时候，我们会比较反感这样的强调，但我现在确实自认就是属于那种"欠缺生活的作家"，这已经构成了我现在的写作障碍。

饶　翔　你也辗转了不少地方，换过工作，为什么说自己没有生活呢？

弋　舟　"生活"在这里是一个"特指"吧，很难说明什么样的生活对于一个作家才算得上是"生活"。也许将"生活"置换成"经验"更恰当些。相对来说，我的许多经验都是从读书得来的，我自感对于生活的经验本身，是有所亏欠的。我在生活的现场，活得挺狭窄的。《我们的踟蹰》力图与现实勾连，但我也只能处理到这个程度。我对自己不满意，有一种缺乏"真枪实弹"的无力感。

饶　翔　你经常会陷入对写作本身的怀疑吗？我这一年没怎么写，重要的原因就是对于写作的怀疑。在当下，写作还有意义吗？你在《所有的故事》这本集子的后记中说："原则上讲，今天，当我力图用小说这门古老的艺术来打动所有人时，实际上，能够做到打动同类就已经堪称安慰。写作之事，在心灵层面能够给予一个作家的回报，无外乎就是这样吧——以'文字私下结盟'，如同找到亲人般，找到属于自己的那支队列。"我跟人也聊过这个问题，到最后，你能期待什么样的读者？写作的意义可能更多地是在交朋友，在"以文字私下结盟"，今天还想让它去承担更大的社会功能，怎么可能呢？梁启超当年所倡导的"小说革命"，"五四"的文学实践，有一个庞大的读者群作为基础，有报刊舆论等媒介来推动。现在的小说该怎么去写？在官方的话语里，依然要求作家"深入生活，扎根人民"。但"生活"是什么？一定只能是张楚那样的小镇生活经验吗？我倒觉得这个你有你的优势，孟繁华老师也说过，未来"70后"小说的趋势一定是城市小说。但张楚的小说严格说不能算是城市小说。我写过他的评论，标题就叫作《作为美学空间的小城镇》。他的小说世界基本上是个小城镇,那个小城镇又很具"中国特色",城乡接合部的那种风貌。评论界一直在说没有真正的城市文学,但是我觉得你的小说还挺有城市文学样貌的。

弋 舟 关于城市文学,孟老主持一本刊物的栏目时,约我写过一篇稿子。

饶 翔 我知道,《当代作家评论》。

弋 舟 我们这代人依旧没有充分的城市经验。我们都带有"匮乏年代"的基因。虽然我始终生活在城市里,而且基本上都是省会城市,但是我所经验到的,似乎始终离我想象中的"城市生活"有差距。高楼大厦的背面是棚户区,这是我们的现实——当然纽约也有棚户区,但我们的城市,即便是北京、上海,在精神气质上好像始终也还不是我想象中的"城市"。这里面的指标太复杂,除了物质条件,那种精神气质上的条件,可能更加左右着我的感受。我的写作可能显得"城市性"稍微强一些,因为我确实没有乡村生活的履历。我想,也许在"80后""90后"那里,才会有真正的"中国城市文学"的出现吧。

饶 翔 对,你甚至没有县城生活经验。但是我就在想,到底什么才算是城市文学呢?作家一定要有那种大都市的生活经验吗?我觉得你的小说里特别重要的关键词就是"孤独",你反复书写的那种孤独,是一种城市体验吗?

弋 舟 所以说城市文学的指标太复杂,我们现在所能指出的是:物质条件一定不是它全部的指标。很难说"孤独"就是城市文学的一个特质,乡村题材里不写孤独吗?

饶 翔 我觉得好像不是你写的这种孤独,你的孤独是那种精神气质里的孤独。

弋 舟 如果不是张莉在评论里指出,对此,我可能自己也习焉不察。她说我小说里"孤独"这个词本身出现得都特别多,还有"羞耻""罪恶""痛苦"这些具有精神性色彩的词语出现的频率也不少。这些词在今天的小说里都不太被作家征用了,如果因此令人读出了某种"城市性",那么是不是可以这样想象:这些词语所指涉的,的确对应了人们的一部分"城市感"。

饶 翔 更多的是个体生命经验的东西。

弋 舟 对。文学永远在处理"孤独",究竟"乡村式的孤独"和"城市式的孤独"区别在哪里,你们评论家去好好辨析一下。

饶　翔　确实是，我觉得你的孤独更多是那种知识分子气的。

弋　舟　或者会更形而上一些，由此也就有了矫情和虚妄的风险。

饶　翔　我上次在《十月》举办的讨论会上也说到这点：以你和张楚做比较，你的作品更形而上一点，他作品里的人物行动还是有比较物质和现实层面的驱动，而你的小说比他的更为内化，推动叙事的是人物的内心，那个人物不断去找寻精神的答案，他自己的精神有困惑，有创伤，他不断地寻找救赎，这是你小说中的重要意象。

弋　舟　如果我们有志去做一个更为杰出的小说家，还是应该让自己的能力更充分一些，更加懂得去弥补天赋上的短板，一味放任自己擅长的那一面，有时候就是懒惰和无能。拿我跟张楚做比较，我觉得张楚作品中呈现的东西，有很多是我所欠缺的。我的写作可能更加依赖"寓言性"，与生命"贴身肉搏"的劲头不够。今天小说这门艺术岌岌可危，还有几个人真正去读？我想，小说如果一味再让我们这么糟蹋下去，就真是穷途末路了。

饶　翔　你觉得没人读的原因是什么？

弋　舟　首先它曾经担负过的功能几乎是被全面地剥夺了，小说不再启蒙，不再娱乐，都不指望它了；再者现代主义出现以后，小说的面目也真是有些"可憎"的趋向，要求读者对之形成持久的热爱，实在是有些强人所难。但今天要回到19世纪那样的小说传统也没有可能了。小说今天究竟该怎么写，确实很考验小说家。

饶　翔　对，我们有的时候没办法。包括我自己做批评，也经常会想，我以什么方式来做才恰当？你批评人是很容易的，但体谅人很难。我觉得小说创作其实跟人的性格差异是一样的，每个人都会有问题，没有一个人是完人，每个人都有他的偏执、他的个性，让他去修正其实是很难的。所谓"江山易改，本性难移"。而文学又是需要凸显个性的，是极端个性化的。

弋　舟　很多年来我们无形中已经接受这个认定了——文学也罢，艺术也罢，就是要去把自己的个性和特异之处放大。

饶　翔　这其实是现代主义的观念。

弋　舟　加缪在诺奖的受奖词里说："一个人常常因为感到自己与众不同才选择了艺术家的命运，但他很快就明白,他只有承认他与众人相像,才能给予他的艺术、他的不同之处以营养。……真正的艺术家什么都不蔑视,他们迫使自己去理解,而不是去评判。"大致就是这个意思——他有巨大的理解他人的愿望和能力。和蒋一谈聊天,他跟我说,他感觉写作让人变得自私和无情。他的确说中了这件事的风险,沿着某条写作道路走下去,没准真的会对人性构成负面的塑造。我在想,写作之时,注意力过度放在如何使得作品"符合小说的品相",是不是反而会造成某种伤害?

饶　翔　所谓"符合小说的品相"是什么意思?

弋　舟　很微妙。《所有的故事》这本短篇集子可能就是我对这种"品相"的追求,但这类小说确实只能给喜欢小说艺术本身的人看,普通读者有几个人去看这样的东西?我觉得当代小说家表现得最好的是格非,他的作品既符合我心目中那种"小说的品相",又比较好地克服了这种"品相"的傲慢和排他性。

饶　翔　你是说他从先锋到今天的这种转向?

弋　舟　格非从《迷舟》这样的作品一路写到今天,的确对我们有着启迪性的价值和意义。这也同样是先锋文学那一场运动流变至今的价值和意义所在。我跟祁媛做过一次对话，我说我们写作的时候，离我们最近的文学资源就是那批先锋小说家，我跟她提到了北村。但祁媛这代作家非但不读北村了，余华、格非他们可能也不读了，至少基本上是不读了。我们的东西他们当然就更不去读了，那个文学赓续着的参照，就这么戛然消失了。

饶　翔　祁媛读什么？她是"80后"还是"90后"？

弋　舟　"80后"吧。她说她基本都不读这些作家，要么看电影，看小说也多是外国小说吧。

饶　翔　你觉得"70后"一代还是受先锋文学的影响开始创作的？

弋　舟　起码我是这样，而且跟我很熟的这些写小说的"70后"，他们基本上也都认可这个表述。

饶　翔　你们开始阅读的时候刚好是他们比较风靡的时候。

弋　舟　那是文学呼风唤雨的时候。而且他们的文学表现确实很迷人。

饶　翔　就是说格非这样的作家，他们转向的内因你也能感悟到，因为你通过写作也有这种自发的调整。

弋　舟　是，我理解他们的写作为什么会有了别样的诉求。是他们自己对以往的自己有了不满足，他们绝非是在简单地迎合市场、迎合读者乃至迎合意识形态的规约，一个成熟作家怎么会这样？一定首先是他自己的审美发生了变革。

饶　翔　先锋作家不是一两个人，而是一代人集体转向，这一定是作家自身意识里的"写作危机"使然吗？

弋　舟　一定是这样。

饶　翔　这种风向在中国文坛这几年挺明显的，但可能转得太厉害了，转到另外一个极端了。

弋　舟　我们往往把文学搞得非此即彼，矫枉过正。最好的状态只能是在两种极端之间去寻求平衡，这就对作家的能力提出了要求：他要有虚无感，他也要有现实感；他对技术充满忠诚，他对意义也要充满向往。

饶　翔　你们这一代"70后"作家对读者还有期待吗？比如你写出小说，指望给谁看呢？我觉得这个反过来也会对写作产生影响。

弋　舟　每个人心里可能都会有自己预设的读者，但这种预设是潜在的，写作之时不会那么分明——比如我正在写的一定是给饶翔看的。

饶　翔　当然不是，但大体还是有那么一种想象的。

弋　舟　在我的想象中，自己的那部分读者可能是这样的一些人：他们对精神生活还残存着一点儿要求，他们相对来说也许还有一些艺术天分，他们在世俗意义上即便活得成功但总有"失败之心"挥之不去，他们还没有完全被今天这个世道理直气壮的那些逻辑说服……但是这个事越来越类似"私下结盟"，像是个地下接头的小团伙，我实在难以想象这类读者会排成一个四列纵队的规模。但也奇怪，意外的是居然经常会有陌生读者的回应给你传递过来。

饶　翔　什么方式，写信吗？

弋　舟　有写信的，也有网上留言的，还有不知道从哪找到的联系方式，打电话过来的。

饶　翔　我有个师妹在伦敦留学，她的感觉也是这样，在英国这种文化高度发达的国家，读小说也是一个比较小众的行为，完全是小部分人自我的精神需求。我在想，读你小说的那部分人会不会像是一些求医者，他们的精神世界有专门的"病象"，于是专门对症来读你的这种小说，他们有精神困惑，或者是有精神要求，他们需要某种解答。就像你小说里的人物，他们就是在不断地解答自己的精神困惑，在精神层面上展开自我的救赎。你的小说期望的会不会就是这类读者？总会有一些比较关注自我精神那一部分领域的人。

弋 舟 这种读者可能是对自我生活品质有些要求的人，黄昏的时候，读读小说，陷入某种不太尖锐的空虚里。这是一种功利性的阅读需要吗？我觉得也可以这么认为。有些人就是需要这个，给自己瞬间的恍惚，心里面片刻地涌起一阵忧愁。实际上他是在享受这个东西。这样的精神产品需不需要提供？有些人就是不爱看电视，就是不爱跟人扎堆儿喝酒，这部分人的需要总得有人去满足。我们有时候过度信任自己的能力，作品行世，就是产品，什么产品都不是普适的，不会放之四海而皆准，"总有一款适合你"才对。读者在细分，文学产品也要细分。中国十几亿人口，一个好的作家有固定的三五千读者可能就足够了，足够给你的工作赋予"意义"，你为三五千人提供精神产品，写作的意义就已经堪称重大。为什么一想读者就得十几二十万、上百万？

饶　翔　那是商业的，商业就是量产，但是精神产品本来就不是量产的东西。回到《我们的踟蹰》，你用了"时代"这个词，我觉得这个词对小说来讲还是挺有难度的——我们这个时代的男女怎么去展开爱情？这个命题还是挺大的。

弋　舟　透过我们这个时代丰饶的"爱情事实"，你会发现这个命题会缩小——在本质上，这个时代究竟还有没有我们所能够理解的、曾经被我们膜拜的那种爱情？

饶　翔　对，我很想聊聊这个话题。爱情是精神生活很重要的部分。你一直在探究精神生活，所以我觉得你不能不去写写爱情。今天的爱情还会附着那么多精神性的东西吗？精神性的东西往往不可捉摸，边界模糊，小说里那个更年轻的女孩黄雅莉，她的行为是很明晰的，目的性很强也很直接，好像也很代表不少"80后""90后"的爱情观。

弋　舟　当精神性以外的事物强力左右着我们的情感方式时，"爱情"这件事，的确就颇具古典意味了，像旧时光萦回着的挽歌。黄雅莉对张立均物质性一面的欲求更明确，但这个女孩也没有过多地依赖他什么，自己应对世界的能力也不弱，她和一个老男人保持这种关系，是不是因为爱情？我觉得，张立均那样的经济地位，即便你对他没有物质的要求，他本身就已经显得有了让你去为之产生爱意的"正当性"。这个"正当性"很可怕，背面是整个时代的价值标准，是今天这个世道理直气壮的那部分逻辑。我也不想过度批判这种标准和逻辑，可能多少是在喟叹今天我们行动的准则变得如此之单一和乏味，爱情这件亘古幽微曲折的事情，如今变得如此明晰和条分缕析。

饶　翔　你在质疑爱情。但你写到李选在"那一瞬间"，觉得自己"心里疼痛，爱上了曾铖"。

弋　舟　我相信"那一瞬间"是真的。爱情在这一瞬间复活。

饶　翔　我觉得也是。

弋　舟　可能在这个意义上，女性更加具有挽留和唤醒爱情的这种天性和本能？那一瞬间是非常奇妙的瞬间。你说她爱上这个人什么了？没有什么确凿的理由，不过是一个男人滑行的背影令人无端心痛。但就是这种"不确凿"和"无端"，才切近了我们对于爱情的古老的想象。

饶　翔　那个地方写得特别精彩。

弋　舟　可能这种"避实就虚"的书写恰好也符合了

文学的某种规律。这一瞬间一个女人感觉心里疼痛,这个疼痛你说有多少原因,也谈不上,一个中年男人滑着走罢了,但这却成为情感的理由。

饶　翔　你力图通过文学的方式将爱情还原到现实里面。我也一直在看木子美是怎么写情感的,看她的微博。她很有意思,不再说以前的那种情色故事,在微博上转型成一个……

弋　舟　处理情感问题的专家。

饶　翔　对。她的粉丝很多,成为一种值得研究的现象。我在想,生活中如果真有一个李选这样的人,一个离了婚、带着孩子的中年女性,姿色尚可,在公司跟老板上床,同时又联系上了一个老同学,她给木子美写信,那么木子美会怎么给她解答?

弋　舟　我大致能想象木子美会怎样解答。

饶　翔　你觉得木子美会怎么解答?

弋　舟　木子美会刻薄、严厉地直接讽刺这个写信的女性。她处理这个问题不会是以一个小说家的方式,因为她知道看客们不是奔着读小说去围观她答疑解惑的。当然她的方式也会非常在理,腔调也有吸引力,她只需要简单粗暴地回答——你就是蠢,而且太自以为是。

饶　翔　矫情。

弋　舟　对,你就是矫情,你就是蠢,为了钱,你就好好陪着老板睡,爱情什么的,是拿来哄自己玩儿的。这样回答也非常漂亮,有一种直达要害的快感,但小说家没法这么说。任何笔直的答案都应该是小说家所反对的。现在回头去看,这部小说可以处理得更复杂一些,如果重写,我倒是愿意在里边写出一份我心目中真正的爱情——怎么就不能在这个荒芜的时代相爱呢?小说家还就是不信了。

饶　翔　这是对自己的挑战,也是一个难题。我期待你在《我们的踟蹰》里会解答问题,但是你最后耐心稍显不够。第一部分我很喜欢,让我想要知道,你笔下这样一个现代罗敷,她最终怎么去面对爱情的抉择。

弋　舟　爱情在今天本身已经难以高贵,这也许是导致我书写无力的根本原因。我该让谁引领着小说里的人物去相信爱情?我看来看去,这几位男女都不堪担此重任。

饶　翔　所以,你其实是有点犹豫不决,对于李选,你用的力也不够。

弋　舟　我无法"用力",力气不足是一方面,另一方面，我所感受到的，也全是犹豫不决的男女。

饶　翔　所以如果你将李选塑造成一个很有爱的能量的女性，那就是另外一部小说了，没准那甚至会是一部女性主义的小说——女人怎样唤醒男性爱的能力。那样的小说可能反而比较好处理。

弋　舟　是，但写成那样也很难，写不好会显得假。

饶　翔　对，也很难，但我真的还蛮期待你再写一个这样的小说。

弋　舟　实际上我自己也有这样的愿望，写一本让人重新相信爱情的书。

饶　翔　对。

弋　舟　这考验作家的能力，也许也更有意义和价值。我们在小说里把这个世界处理得一团糟是比较容易的——因为世界看起来就是一团糟，让人在这么糟糕的世界里重拾信心，反倒是困难的。

饶　翔　当然。

弋　舟　你所说的那种"有盼望"的小说，对作家的情怀要求很高，有时候是不是也有些违背小说艺术的规律。这里头确实不太好说。

饶　翔　对。

弋　舟　想把小说写好，想给小说赋予某种更加正面的价值和意义，真是非常难。有时候我甚至觉得，小说这门艺术本身并不足以承担我们内心更多的盼望，教化人心，温暖众生，它本身就没有承担这种功能的能力。

饶　翔　你觉得《而黑夜已至》里面，最后那个抑郁症患者获得救赎了吗？

弋　舟　在小说的结尾，他不过是心生了主动求医的愿望。

饶　翔　他拍下了城市的晨光，发到微博上，写下"黎明将至"，而之前他半年来每天都是拍下夜晚的立交桥，并且配上"而黑夜已至"。

弋　舟　黎明将近，这更多的是一厢情愿。

饶　翔　我觉得这个小说最后是有一点自我救赎的意味，但似乎又觉得理由不够充分。

弋　舟　他当然未能真正获得一个救赎。如果救赎的获得这么轻而易举，那也就没什么稀罕的了。但是他有那么一个愿望升起，这已经显得弥足珍贵。

饶　翔　所以我觉得李选的踟蹰如果停留在那个瞬

间,"解救的瞬间",就已经很好了,你真的不知道往后会怎样,但那个瞬间是爱,是拯救。就像张爱玲写《色戒》,到最后那个关头,王佳芝在等待易先生给她挑选戒指,她突然觉得这个男人是爱她的,这一瞬间的爱真实不虚,这一瞬间的爱,就让她放走了那个男人,最后牺牲掉自己的生命。我觉得很多男性写爱情,写得都挺"直男癌"的,但你的小说不是,你经常会站在女性的角度去写爱情,李选最动人的一幕就是在那一瞬间,她迸发出了爱,它激发了一个女性"飞蛾扑火"式的大勇,但是这一瞬间的大勇却并不能够使她有解决麻烦的能力。这就又需要我们来思考了:文学是否一旦回到现实逻辑,飞升的一面就会轰然倒塌?

弋 舟 而且一旦回到现实逻辑,我们的写作乐趣和写作愿望就跟着大大降低,那个讨厌劲儿啊,不想写。但如果你确实有足够的耐心,真能写出那种时光对人的消磨,作品的品质一定也会更好。

饶 翔 跟自己较劲,跟内心较劲。面对写作,真的是没有办法取巧,作家只能跟自己较劲,但经常是"较不过"的状态。同时,写作又需要霸道、决断,在书写的世界里，作家是一个君主，君临一切，这往往会和现实逻辑发生冲突，于是作家只有妥协。我觉得你有时候是无奈的，因为你要同时遵循小说的逻辑和现实的逻辑。小说写作有时候是会把人引向一种钻牛角尖式的"怪异"状态，我也不相信那种生活中很正常或者很温和的人能写好小说。

弋 舟 对。这是小说家的困境，他需要人情练达和世事洞明，又需要承认和接受并且维护好自己的"怪异"。

饶 翔 有个说法——小说家都是折翼天使。你真的是承担着某种宿命。当然，这是在说真的小说家，大多数作家其实是假的。艺术这个东西没有办法，一定是走"歧途"，它一定不是走寻常路。

弋 舟 艺术在这个意义上，是需要去"伤害世界"的。作为艺术家个体，有时心里又会萌生给予这个世界抚慰的心情，于是里面就有了落差和矛盾，弄不好反而搞成了心灵鸡汤，和艺术的本质背道而驰。我们有没有这样的经验：看了一部小说之后，自己所有的阅读需要都被满足了？我想没有这样的作品，起码我没有阅读到。

那么,"不充分"和"不全面",是不是也是艺术的本质?我们写作,就是这样,总在思考和权衡当中,在实践当中。

饶 翔 对。作家的主体对于现实形成一个感觉,或者对于人生做出一些判断,然后再将其转化为文字,通过语言的形式去呈现,这中间就会发生出入。我觉得作家跟现实的关系也是要小心的,你的那个创作主体,是在现实中形成的,你怎么去认识世界,怎么去认识时代,然后才有了你呈现出的文字。你说你的现实"狭窄",我觉得也不是,起码你的作品并没有因此"狭窄"。

弋 舟 这还是在说创作与生活之间的关系。具体到我的感受,我觉得自己的生活现在还真的是需要跟"真实中国"发生更多关系。那么什么才是"真实中国"?这个所指实在复杂,我们权且不做说明了。举例说,写《我在这世上太孤独》,我就去走访了几十位空巢老人,这部分中国人的生活,不要说作为一个小说家了,只要是作为一个四十多岁的男人,大概稍微有点理智和常识,也能够加以想象。但是,这个"想象"的结果与我走访后获得的感受依旧有着巨大的不同,我觉得,我通过走访得来的,就是我所说的那个"真实中国"。面对一个又一个具体的老人,那种感受,通过想象,是无从达成的。

饶　翔　面对真实的个体。

弋　舟　还真是不太一样。我所缺少的,就是这个意义上的"生活"。

饶　翔　这样的采访和写作是因为某个契机吗?

弋　舟　是,当时接受了这个写作任务。那段时间我带着儿子走访空巢老人,儿子负责录音,也帮我拍照。写完这部长篇非虚构作品,我甚至有这种预感:我可能会变得越来越像一个现实主义作家。

饶　翔　所以这个感受不光是对于写作有意义,对于作家的自我也是有意义的。

弋　舟　以往的写作,对我的身体健康都构成了一定的损害。文学观念发生变化,自己的精神气质能不能够也随之得以调整,现在还不太好说,只能先去实践了。

饶　翔　当然,而且这个东西一定是经过转换的,所以我觉得作家的主体还是重要的,不是说我进入生活了,进入现实了,我就马上能够转化成一种生产力,那种立竿见影的东西可能也未必会好。

弋　舟　我觉得态度的转变还是重要的。

饶　翔　改变我们的态度。

弋　舟　一成不变地写下去，也就写下去了，好像也没有什么太大的问题，但写作在某种意义上，对我是一种修行，不是改变命运，是改变生命。

饶　翔　我理解。

弋　舟　改变生命，努力训练自己对世界的理解能力，我可能是通过写作在关照这些东西。

饶　翔　当然，我觉得作为一个人，无论是不是作家，最重要的是你怎么过完这一生，这是唯一具有意义的事情，别的事情都是附着其上的。写作者可能具有双重生命：一个是不断地思考，我怎么去生活，怎么去进入现实；一个是我将怎么去回顾已逝的生命。写作就是回顾，是体味你的生命。所以我觉得作家是比一般人多一重"生命"的——正在进行的这个生命和重新组织、建构的那个生命。这两种生命之间是怎样的一种关系？你建构的那个世界和你本身的生命肯定是有密切关联的，但是你怎么去实现艺术的转换？这种东西很有意思。我觉得从现实到虚构，如果太直接，就没有意义了，作为作家的那个特殊性就没有了,无非是我在过一个生命,我再重现这个生命——其实还是一种普通人,不是一个特殊的人。我觉得作家是一个特殊的人,是有双重生命的这样一个特殊的人。

弋 舟 是啊,说得好。我还是庆幸自己此生做了小说家吧——比别人多了条命。

饶 翔 《蝌蚪》呢?你喜欢这部小说吗?

弋 舟 还是挺喜欢的,它有轻盈的一面。"男人不能困扰我,女人不能困扰我,文明不能困扰我,野蛮不能困扰我。"这是小说里的句子,是一种对于"立场"的反对和对于生命自由的向往,但是这种反对和向往一点儿也不强悍,它们柔弱地倾注在主人公的灵魂里。

饶 翔 里面父亲那个形象,是一个野蛮的、具有生命力的形象,而这个人物是你小说里面比较少有的那种不太有精神纵深的人,他就是一个很有行动力的人。我觉得你笔下的很多人物都是那种哈姆雷特式的人物,内心深邃,纠结犹豫,但行动力比较弱。

弋 舟 你总结出的这两类人,其实在小说里都被符号化了,好像也成为小说的一个传统。

饶 翔 那这是小说的法则吗?

弋 舟 小说复杂而又简单，有时它也的确需要依仗对于世界的简化——李逵必须长得和张飞差不多，长成贾宝玉那样，对读者的说服力就要打折扣。当代中国几个比较有思想家气质的小说家，最后都在一定程度上放弃了小说，这也许可以反证出小说的局限。比如张承志。

饶 翔 对，韩少功。

弋 舟 韩少功，甚至一部分的史铁生。

饶 翔 对。

弋 舟 真让小说去承担太多的思想重任，让它去挑战读者思想的边界，确实是有点为难它。

饶 翔 对。一样的，我跟几个朋友聊天，说到文学批评也是如此。20世纪80年代有几个很重要、非常有才华的批评家，赵园、王晓明、蔡翔，后来就不太做文学批评了。为什么？可能就是因为文学批评承载不了他们要表达的那种思想性了，承载不了他们对中国社会的观察。现实真的是一个网，小说家也是两难，走到后来就是一条窄路，一条钢丝一样的窄路。就像你写三篇"刘晓东"后，就不愿意再写了，我前一年写了好几个作家的评论，写到第六个的时候,也觉得写不下去了,不断地写,写上十个、二十个,我觉得对我来说,不是一个特别有意思的事情。我现在也有个感觉,年轻一代作家,"70后""80后",很多人被鼓动着投入一种所谓现实关怀的写作路径上,这点还是需要谨慎的,我也认为现实关怀很好,我也觉得我的世界很狭窄,至少需要多看看世界——你没有看过世界,你怎么会有世界观?但回到艺术本身,这种诉求还是要小心的,不能让"情怀"压倒你的艺术。

弋 舟 当然是这样。把现实关怀只当成一种情怀,一定风险巨大,遑论有人还把它当作混世的策略,它同时也应当是一种创作技术和审美指标,是美之一种。有时候对于一些作家堪称真理的东西,对于另一些作家来说就是谬论。还是那句话,人应该缺什么补什么,这种"缺",对于艺术家,首先应当是对于自己艺术能力的不满足。

饶 翔 精神之路如果太钻牛角尖,你觉得需要矫正吗?

弋 舟 当它开始损害艺术,损害生命,当然就需要矫正。现代主义的美学趣味是不是也该回回头了?当然,我们在它那里收获了巨大的艺术成就，但是沉迷太久，我觉得风险已经有了端倪。今天给小说留下的地盘越来越小，小说家怎么重新夺回失地？你说不能让"现实"压倒"艺术"，但"艺术"这个东西往往是容易把人导向虚头巴脑的，这个也要警惕。

饶　翔　沈从文其实也写过很多有现代主义色彩的小说，新中国成立后，他却写不出小说了。为什么呢？有研究者指出，从大的层面上讲，当然有时代原因，文学风向和政策调整了，但从个体的层面讲，沈从文自己在那个时候的创作也出现了危机，就像你感受到的"虚和空"的危机一样。比如说社会主义文学，很多人觉得是官方性的一种强迫性行为，但当时很多作家主动地拥抱，可能是因为他们的创作本身也面临了危机。

弋　舟　是作家出于艺术追求的自觉。

饶　翔　对，怎么样从那种"虚和空"里解脱出来，官方导向给作家提供了一种至少是值得去实践的前景。你的写作精神性探索的那一面非常鲜明，这里面是不是也会有观念化的风险？我觉得《蝌蚪》的结尾稍微就有点观念化，包括里面你处理那两个男性之间的情感，我觉得很突兀，不能让人相信，就是因为"孤独"吗？这个是不是太理念化了？

弋　舟　我现在常常想，我是否是一个没耐心的作家？你提的这些问题，我觉得首先是因为我在写作时耐心不够，有时干脆观念化了事。

饶　翔　之前我们在谈论石一枫的小说时，我们觉得他的问题是：叙事很好，一直在有力地推进，但是他的小说没有结尾。如何结尾只是个技术问题吗？还是说，它也反映了作家的思想认识？

弋　舟　你可能找着了一个很好的批评角度，有一部分作家就是"无法结尾的作家"。

饶　翔　对，你觉得你是吗？

弋　舟　你提出了，我得认真琢磨一下。如果是，那么，是什么原因造成这一部分作家成了"无法结尾的作家"？原因出在哪儿呢？石一枫新近的作品我挺喜欢的。

饶　翔　但问题就在于他的结尾都有突转，且突转得不能让人信服。

弋　舟　这个问题，确实不太好回答。你作为一个批评家，再找几个例子，一并研究，分析一下这些作家们，是什么原因造成他们处理不好结尾，这才是批评家应该发出洞见的地方。

饶　翔　对，我也觉得是。批评家真的没法指导作家写作。写作是个性化的劳动，你很难对之做一个正确与否的判断，就像你批评一个人的性格和兴趣，说他为什么爱吃这个不爱吃那个，这个层面真的没有意义。我觉得如今的小说不太容易结尾，是不是也有一个时代性的原因？是不是这个时代如今就很难令人做出判断？小说还是一个世界观，你的世界观如果很果决，你的结尾也会很果决。洪子诚老师写过一篇文章，《我们为何犹豫不决》，犹豫不决才是一个问题。19世纪很容易决断，它整个的外在价值观很强大，但这个时代可能就是你笔下的"踟蹰"，是一个踟蹰的年代。

弋　舟　你看一枫，表面上挺乐呵，其实他可能是一个对这个世界没有把握的人。你我也貌似在透彻地观察这个世界，但骨子里，无力感还是特别强。

饶　翔　对。

弋　舟　我对世界从来没有把握。

饶　翔　如果没有把握，那你的结尾就是犹豫不决的。这也可能就是我们这个时代的美学风格。

《创作与评论》2017 年第 16 期

与杨晓帆对话

以虚无至实有

杨晓帆 刚拿到《我们的踟蹰》时,我吃了一惊,扉页上写着:"在这个时代,几位各自经历了人间世态炎凉的沧桑男女,将如何相爱?"——我很好奇,写出《刘晓东》的弋舟,会怎样处理这么容易落入俗套的言情故事?读后很感动,故事本身虽然也充满了罗生门式的悬念和深情,但更打动我的是你如何通过爱情谈"时代",谈今天这个时代中的"我们"。我能体会到你在后记中所说的用近乎自然主义的方式去描绘生命"溃疡面"的沉重,但小说又写出了生活中那些轻盈而美好的东西。能谈谈对这部新作的构思或期待吗?

弋 舟 不是说在小说里不能谈男女情感,这是永恒的主题,但谈不好往往就会如你所说,落入俗套。何况,谁能谈得过《红楼梦》呢?写这个小说,驱动我的,就是想去打量我们这个时代的根本气质,而男女间的情感方式,可能便是任何一个时代的本质性的表征,情感问题最能显现时代的特质,比如革命时期的爱情,就最能代表那个时代的气质。我很难以那种"重创式"的方式去写小说，这可能跟性格有关，即便是"溃疡面"，即便不堪，我也会抑制不住地想要弄点儿轻盈和美好。大家对这篇小说的反响还不错，大部分是女性读者喜欢。首发刊物《作家》的主编宗仁发老师、转载刊物《当代》的主编杨新岚老师也给予了肯定。在我心里，如果给自己打分，我只打三四十分，这不是自谦。但反馈回来的可能达到了六七十分。我就想这个落差究竟是怎么回事，下一步再写这类小说又该怎样处理。从某种意义上说，我的确不太擅长写这种风格的作品。《刘晓东》那种方式，如果让我再写三五篇，可能一点问题都没有，但我不能继续写下去了，太熟了。我之前写的中短篇可能更形而上一些，今天想在方法上有所改变。我始终觉得，一个好作家不能过度放任自己天赋上的能力，比如一个偏左的人，可能要强调一些右的东西，才能找到平衡感，反之亦然，否则就走成了"一顺子"。可能我下一部作品还是会去写情感，我终于发现它的重要性了，我想写美好的情感，即便它在今天已经稀缺，但我们写作，不正是为了打捞那些稀缺的事物吗？

杨晓帆 《我们的踟蹰》结构上分三段，我的阅读感受是上部最饱满,后面两部有些仓促。

弋舟 这次写作从创作方式上不可取,几乎没有完备的构思和准备,是从一个中篇扩写成的。所以你的感受是准确的。如果我更耐心点,其实里面很多细节是可以充分展开的,比如李选和她韩国前夫的关系,张立军和他妻子的关系,年轻女孩黄雅莉的故事,曾铖和他前妻的关系,等等,这些都可以写得更丰满,小说的完成度也会更高一些,也许更能打动人。这部小说,太短了。我们对于长篇小说的体认,现在也发生着变化,比如有了"小长篇"这个概念,我觉得叫"轻长篇"是不是更好?这些事儿,还在琢磨中,也没想得太明白。

杨晓帆 一般同类题材小说会处理很多男女主角周围的人际关系,虽然你也写到父女关系、第三者插足等,但《我们的踟蹰》中推动小说发展的不是冲突的发生。故事的走势几乎全取决于中心人物的内心世界,他们仿佛把自己禁闭在孤岛上思考感情问题。当我们今天流行在谈论爱情时谈论物质和世俗生活时,你却大胆地近乎在观念层面"谈情说爱"。上部中曾铖和李选围绕汉乐府中"使君从南来,五马立踟蹰"的对话就非常精彩。

弋　舟　对，我的写作习性，决定了目前只能更多依靠"观念层面"来处理现实，即便我那么渴望自己也能写得烟火气十足。可能还是怕流俗吧，那种"中国式"的"人际关系化"的描摹手法，我挺讨厌的。这也可能是我自己的不足。

关于对话，我也有过这个考虑，看看能不能光靠对话就把小说完成了，靠QQ、靠短信交流。我这种人有时候不用"大词"没法写小说，如果不用那种很书面语的话，我就写不下去，但即时聊天必须要用口语，所以也算是对自己的一次挑战。第一部分的对话我写得挺舒服，那里面，小机智、互相试探什么的都有，挺好玩儿的，而且即时通信这种沟通方式也和面对面说话不同，可以矫情，可以留白，可以夸张和使性子，人躲在机器后面，于是有了新的话语系统。

杨晓帆　你的小说的确很有形式感，像早期的《谁是拉飞驰》《有时候，姓虞的会成为多数》等短篇小说，特别像《所有的故事》，叙事技巧都格外出彩。今天再回过头看比较早期的创作，你怎样看待自己写作的起步、调整与变化？

弋　舟　《所有的故事》完全是靠小说内在的逻辑在支撑，现实逻辑在里面并没有什么必然性，但你读起来不会觉得有逻辑障碍，这就是小说自身逻辑的自洽。如果以这种方式把《所有的故事》写到十万字，我相信可以写得非常好看，一个故事套一个故事，每一个段落都可以单独成篇，但这就近乎游戏了，显得不太严肃。我自己也很喜欢这篇小说，但为什么不愿意再那样写下去？因为那样写太轻易了。就像一个天生特别轻巧的人，还是想办法让自己稍微笨拙一点好。一个沉重一点的人，则要轻盈一点，飞翔起来。对一个老不落地的人，你要告诉他想办法落落地。

形式感何其重要，我觉得这个观念我这辈子都不会改变了。

早期的创作中，我一直比较珍爱《跛足之年》，我从那儿开始正经地写作，它挺有元气的，起码让我一开始没有踏上很多年轻作家容易踏上的非常危险的道路。另外，它从一开始就和时代有所勾连，所谓"跛足之年"，是指那个"千禧年"。当然这种勾连不一定是指那种现实性的、扑在地面上的，而是把时代作为一个意象去打量。今天回看2000年,已经过去十六年了,但在那一年,如果没有一个前瞻性的目光,你其实并不知道今天会怎么样,比如,你没法预料我们今天的对话。《废都》的好,就在于它先很多人一步看到了家国的走向,比如知识分子的颓废,后来这个事实被印证了,今天你再读就会感慨小说的预言性。我就想把《跛足之年》写成预言,没有写好,但它对我来说很宝贵,我今天再也写不出那样的东西啦,虽然毛毛糙糙的,但从我个人写作的意义上来说,是起点性的东西,其后所有的调整与变化,都是踩在这块石头上。

杨晓帆 虽然评论界长期有观点认为"70后"作家是"晚生代""没有历史感的一代",但读你的小说却很有历史感,或者说因为有一个历史的维度,相应地能够表达出一种可以有效介入当下生活的"现实感"。比如我把《所有的故事》读作《刘晓东》的前传,前者更接近于一种抽象的寓言化的方式,同样写中年男人的沉郁、垮掉的生活、向往事寻找和逃逸过程中弥散开的虚无感等等情绪,《刘晓东》写得更"实",更有时间感,甚至会引导着读者去追问"我们"身处这个时代中的来路与去路。

弋 舟 我不会简单粗暴地说一代人跟一代人不一

样，但我是对时间非常敏感的人。"刘晓东"三部曲的节奏我考虑过，我写小说控制得太厉害，理性的一面太强，我设计这三部的组成就像乐章一样，开始是序曲，《等深》就是完成这个，中间要有一点低沉和回旋，即《而黑夜已至》，最后以《所有路的尽头》做终篇，像一首挽歌那样。把这一系列作品"坐实"，也的确是写作时的一个诉求，因为我太容易让自己不由自主地去写《所有的故事》的那种"虚"了。

忘记历史，我可能就不会写作。这也许是毛病。有人读到刘晓东跟逝者遗像告别那段，会以为我是要写向时代的告别，也许是吧，但这个细节里又充满了反讽和调侃，当然也有深情。《刘晓东》里不断出现的那个年代，当然是我小说里一个重要的指向，但小说本质上还是要诉诸人物情感中的种种面向。《刘晓东》没有控诉时代，表达更多的是自省与自罪，是身陷在时代里面的一个一个人本身的罪孽和悲伤。人之恶劣，未必是时代压迫出来的必然结果，宽裕的时代依然有人行苟且之事。简单的历史归罪法是靠不住的，而是人性从来都值得怀疑。我们这一代知识分子该开始缓和地思考问题了，不是那种剑拔弩张式的，而是该抱有巨大的体谅之心,若要严苛,先朝向自己吧。虽然是非问题不能含糊,但也要反躬自省。这不是说要调和,而是真正把人性的复杂性表现出来,不是黑白分明、非此即彼的简单对立。

推动刘晓东往前走的力量,是"我还不能死,因为我还有一个巨大的亏欠没有偿还"。我们可以想象这种认定里一定有正面的东西,他不会再去伤害这个社会了。我不是要给个光明的尾巴,但我愿意最后的解决方式,就像《而黑夜已至》的结尾,是"黎明将近"。我觉得作家不能太简单地说时代这糟糕那糟糕,作家得知道你的作品在这个时代想做什么,而这一切,都得建立在你对自己来路与归途的凝望中。

杨晓帆 《刘晓东》是在写我们这个时代特别缺失的"自罪"和"自赎",生活疲惫似乎成了软弱的借口,使我们越来越缺乏承担的勇气。《等深》里写男孩周翔怀抱短刃上路,中学生刘晓东向同名的"我"讲如何"与生活等深",都让我想到鲁迅先生当年关于"我们怎样做父亲"的思考。刘晓东们不光是站在时代的折痕处,当他们被放到"父亲"的位置上,他们也有了历史中间物的意味,能不能肩住黑暗的闸门,放孩子们到光明的地方去?

弋 舟 田耳给我写过一篇印象记,他说我的小说里终于有了父亲的形象,以前我们也写父亲,但关注点还是在"我"身上,是"我"的父亲,是从一己的角度写父亲。70年代生的人得有点父辈意识了,都四十来岁的人了。

我写《等深》可能还是理想化了一点,但那个孩子是我心目中盼望的形象,他敢去承担,敢去冒险,敢去复仇,有他理想主义的一面。梁启超当年说"少年中国",这股气儿一直没有实现,那么作家能不能把这个少年气维持得长一点,不是那么老练,不是那么圆滑?但我们今天又有一个普遍的毛病,就是过度害怕青春的逝去。有些东西现在写没问题,但等五十岁还那样写就有点撒娇了,这一代作家不能总是写"非常杰出的青春文学"。

肩住黑暗的闸门,鲁迅先生真伟大!

杨晓帆 抛开小说,你怎么看待20世纪80年代?今天谈起80年代容易有种怀旧的倾向,如果80年代是理想和狂飙突进的,那么这种精神状况又如何走向了虚无?我觉得你的作品里还是有一种以虚无至实有的自觉。

弋 舟 虽然刚才一直强调历史的复杂性,但我还是愿意，甚至夸大80年代的可贵，至少，首先它是以一个悲剧性的方式戛然而止的，对于悲剧，我们怎么能去轻慢？我还是愿意抱有一些基本的善意去看待历史。80年代的中国，不管是文化还是这个民族，都呈现了某种黎明的迹象，学术勃发，给人提供了无尽的可能，具体分析它的学术成就是另外的事，但就像三级楼梯和一级楼梯的关系，你得承认我们的确是从那儿上来的。像吴亮、程德培这样的批评家，要是被放到今天，一个工人你怎么出得来？根本就没有这种渠道了。前阵刘小枫在鲁院给我们上课，他当年的《拯救与逍遥》多好啊。80年代赋予学术思想性和严肃性，它有理想主义的一面，有诗意的表达，在这个意义上说，它就是一个美好的年代。我们为什么怀念80年代，一个词——勇气，今天的人，勇气在丧失。我当然希望一代会比一代好，但一定"向前进"，未必就是一个正确的历史观。

理想主义、饱有激情的那一面永远不可能是常态，人的青春期怎么能延续一辈子呢。人必将走向自己的反面，活成自己所讨厌的那个人。一念至此，你怎么能不倍感虚无？可你还得往自己的那个反面去活，还得做这样的对话，重要的是,这种"反着活",这种对话,我们居然也乐在其中了,那么,你又怎么能不去至达实有?中国人讲修行,这是我们文化的特点,我们就是在这虚实之间消极着和积极着,然后找到一个词,美其名曰——修行。

杨晓帆 我记得你在《怀雨人》中有一句"当身体的青春期遇到了时代的更年期",相比于你笔下类似雨人那样活得磊落却不合时宜的"怪物",聪明人可能都在迅速适应时代中就未老先衰了。从这个角度看你的长篇小说《蝌蚪》,看上去是在写性和暴力交织的少年成长或小镇简史,但我觉得是在写道德律,甚至有些残酷地逼迫人物始终以一种"蝌蚪"的过渡状态去直面并理解罪恶、羞耻和审判。你的小说里有很多类似道德或伦理性的思考,你怎么看小说的道德问题?

弋 舟 我觉得有时候哪怕是自欺欺人,我们也要给自己的小说赋予一种道德的力量,这种力量不可被量化,你也很难说它究竟感动和教化了多少人,哪一部分人。具体创作的时候我没有这个认定,有时候不可想象读者,但是作家整体的情绪应该有的放矢,不能以虚无至虚无,一定要有一个内化的道德律。文学会唤醒你都不自察的能力和眼光，你被文学唤醒——原来这个事情可以这样去看，情感可以这样去体察。文学是普遍经验，如果是一己之私，谁也不会被感动，而道德律，是上帝内置于人类心中的。

我写小说知识分子倾向太重，虚无感太重，这是我天然的一个短板。如果《红楼梦》不是写那么多很具体的鸡零狗碎，没有那么多菜谱、药方、诗词歌赋，它的意义就不能成立。小说得有烟火气和红尘气，在有些问题上不能钻得太深。但有时候给自己虚构一个空间很有必要，虚构一个来路与归途很重要，怎么把我们的心灵安抚住，在有限的生命里做点有意义的事情，要做到这些，"不聪明"挺重要的。

杨晓帆 的确，你的小说里既有诗意的、轻盈的部分，在形式上也有很多直接议论性的句子。你是怎么看小说中的议论的？

弋 舟 《刘晓东》里有些句子，我知道是不适合做小说语言的，"我们这代人溃败了，才有这个孩子怀抱短刃上路的今天"，这样的句子太硬了，但我这时候只能这么说话，否则我会不痛快。之所以我们觉得小说中加议论不好，还是因为没写好。当然今天你也很难再像陀思妥耶夫斯基那样写了，除非作为某种现代主义的方式，否则非要突然来一段长篇大论，还是很吓人的。但是如果作家没有这样的抱负和野心，就只能中规中矩地写。写《刘晓东》时，我在形式感上冒了很多险，甚至给人物取名叫尹或（隐喻）、邢志平。结集时张楚也反对我把小说集叫《刘晓东》，但我觉得合适，这个名字有普世的况味，有我所需要的形式感。

回到你的问题，一个作家主体性的突显要靠议论，要有突然站出来说话的勇气。

杨晓帆　除了议论，你还插入了诗歌，甚至通俗歌曲的歌词。

弋　舟　对，《所有路的尽头》就是来自电影《颐和园》里那句歌词的意象——"所有的光芒都向我涌来，所有的氧气都被我吸光，所有的物体都失去重量，我都快已经走到了所有路的尽头"。要把雅俗打穿，我觉得是考验作家能力的，也是我愿意尝试的一个方向。包括《我们的踟蹰》里的那首诗，"亲爱的，把我的心也拿去洗一洗／它悬空太久，孤单，痛"——多么庸俗，但有几个瞬间，我读着还是很感动。我在写作中天然有知识分子的酸气儿，全用这种腔调，离人物就会太远。严厉地说，小说实质上还是一门"庸俗"的艺术，起码它有这样的一个面向，你如果把小说的这一面完全拔掉，是非常危险的。

杨晓帆 能聊聊你最近在《收获》发表的短篇小说《平行》吗？你之前出版过一个关注空巢老人的非虚构作品《我在这世上太孤独》。

弋　舟 这个短篇与《我在这世上太孤独》有着直接的关联。写作《我在这世上太孤独》时，整个写作状态乃至工作方法，还是有别于小说写作的，它令我体验到小说写作无从经历到的一些美好，并且也启发了我对写作之事新的理解。但同时，写就之后，那种完全基于写作本身的、一个小说家的创作"私欲"，却似乎又有了明显的亏欠。于是，我还是需要以小说的方式，再一次翻检一下这笔资源。

写这个长篇非虚构，是答应了出版社一个选题，难度特别大，我自己一开始也有个大致想法，觉得会是很好的小说素材。好在后来写的时候找到了基本的结构性的东西，没有宏观谈问题，只是靠一个个具体的老人讲述他们的往事。《当代》发了全文，《新华文摘》转载了一部分，也进了年度报告文学的排行榜。

我早期的小说就写过老年人,比如《锦瑟》。那时候想象老年人的世界,肯定会有偏颇,但小说家是干什么的——就是要虚构和想象,你要去写一种你想象的生活。当你老了,要是再能写出非常青春的东西,这才叫厉害。三十来岁不到四十,就忆青春,追忆这个那个,有点怅惘叹息什么的,我觉得这个情绪当然也无可厚非,但还是轻了一点。

杨晓帆 最近几年文坛经常讨论城市文学的话题,你久居西安、兰州,像兰城、十里店也构成了你笔下的文学地理。你怎样看待城市文学或城市经验书写的问题?

弋 舟 我是一个毫无乡村经验的人,但我也不觉得我写的就是城市文学。因为我所有的经验和我想象中的那个城市生活不匹配。不是说我没有在大城市生活过,但我总觉得那不是我内心中的城市,不是那么回事儿。当然,写从农村、城镇到城市的个人史,因为吻合我们今天大多数人的经验,会很容易引起共鸣,但一个作家太借助具体的日子,不见得能写好。什么叫异乡,一个外地人北漂才叫异乡吗?你如果是一个北京人,在这个城市中也觉得是身在异乡，在自己家里、在自己妻子旁边都觉得是异乡，这才是作家应该有的基本情绪吧。

我好像也被划在西部作家群里，但没有这个标签，好像人家又不好安置我，不知道套到哪个理论里面去。我也没有什么西部经验。一般说到西部经验时，天然就有个预判，"大漠孤烟直，长河落日圆"什么的，但难道今天像我这样生活在西部的人，我的感受就不是西部感受吗？所以我觉得城市文学可能在命名上也有点问题。我们今天包括文学批评的一切资源都是带着乡土味的。我庆幸，我没有那部分资源，否则我会写得更讨巧。只有当所有外部可以轻易拿起的资源都失效、必须要从自己内心去挖掘时，在这个意义上才可能达到本雅明所说的"离群索居的人"。离群索居不是说让你真的跑到山里去。

我们天然会有对旧事物的眷恋，会有乡愁，这是财富，也是陋习。就像人刚从山顶洞爬出来的时候，他可能也很怀念之前钻木取火给他精神上的那种归属感。但基本事实是，今天城市化了，如果你过分哀叹、贬斥今天的城市，我觉得就是不合适的。在没有能力清晰地给出结论前，起码先立场持中地把它给叙述出来吧。

杨晓帆　在我有限的阅读视野里，当下关于城市经验的书写会特别喜欢所谓的"孤独感"和日常性，感觉日常写作好像成了一个强势潮流。

弋　舟　可能不仅是中国的潮流，还是世界性的，门罗获奖就是一个例子。当然门罗是非常棒的小说家，没有一点问题，她笔下的那种日常，的确要高于我们很多作家笔下的日常。我们太爱捣鼓那些日常中的蝇营狗苟和尔虞我诈了。

杨晓帆　有一阵朋友圈子里真是人人在读门罗，门罗式的孤独、卡佛式的爱情。我有时候会怀疑，这种西方中产社会中出现的家庭日常与个人逃离，真的能被复制到中国经验中来吗？我们的很多情感表达是舶来的，这会不会造成用一套现成知识来解释生活，生活本身的个人性却丧失了？这也是我读你的小说感到格外惊喜的原因，你写出了中国式的孤独个体。

弋　舟　加拿大还有一个女作家，阿特伍德，声誉要高于门罗，但为什么诺贝尔文学奖要选择门罗，这里有一个平民化和世俗化的基本倾向。我觉得我们的时代已经够平庸了，时代太激荡时需要持重的东西去平和，但时代太平庸时，就得有些疙里疙瘩的、精神层面上突兀的东西。门罗的作品很好，但我觉得不能把它当作一个写作的方向，那会成为一种误导。中国文学几千年有一个基本的"文以载道"传统，当然它走向极端会被政治所驱使，但它仍然是我们的传统之一。中国作家和西方作家还是有天然的不同，今天西方作家可以写得闲适一点，"小"一点，当然像最近恐怖主义到了这样一个程度，他们的写作可能也要有些变化，咱们相对说，我们的生活在各方面还不尽如人意，一个作家有责任思考这些东西，当然前提是要以艺术的方式。我不是煽动者，不是政治家。只要有承担的自觉，即便是写爱情，都不会是简单的男男女女之事。小说家就是替人类陈述病情，替人类把病症表述出来，讲给上帝这个医生听，那样，也许才会有被医治的可能。如果说我真的写出了中国式的孤独个体，大概是因为，作为一个中国病人，我如实陈述了我的病情。

杨晓帆 "70后"作家很多都谈到过20世纪80年代先锋文学或西方20世纪现代主义对他们创作的影响，但似乎也有个趋势，会越来越不满足这部分写作资源。能谈谈你的体会或阅读史吗？

弋　舟　这个影响是毋庸置疑的。越来越不满足也是毋庸置疑的。我们得承认，不同文化之间的确有着巨大的差异，除去文学艺术中那些人类恒定的共同情感，中国人想要描述自己，的确需要找到自己最贴切的方式。

我现在主要是重读经典。中国可能是全世界翻译外国小说最多的国家，比如现在的"短经典"，看一点确实会兴奋，看多了也会疲劳。我觉得今天给读者开书单也不一定非要有《安娜·卡列尼娜》《战争与和平》，但一个中国人有志于读书，《红楼梦》还是得读读。一代人读一代人的文学，对自己有个反观，有更深刻、宽阔的打量，才是读书的目的。

杨晓帆　去年关于《刘晓东》的研讨很多，你刚参加完鲁院第二十八届青年作家高级研讨班为期几个月的学习，跟许多批评家和作家同行都有交流，能谈谈你对批评和创作关系的看法吗？

弋　舟　批评不是锦上添花，当然也更不该是落井下石，是要阐释出新意。这也应当是一个有抱负的批评家的自我期许。我们常常批评一个作家没写好，有时候要问问原因，可能是他马失前蹄了，草率了，也可能是他自觉的选择。就像我们当年对"先锋派转向"有很多的不理解，余华怎么这样去写了。但我相信一个成熟作家的基本操守是有的，绝不会是简单地迎合读者什么的。当然这种自觉的挑战成不成功，还可以再商榷。再比如长篇小说的问题，批评可以，但我特别不爱听人说某某作品没有一个长篇的厚度和广度。应该问的问题是，为什么今天很多长篇写成这样了？厚度和广度是如何丧失的？今天写成的这些长篇，背后的写作伦理是什么？

批评家要对作家有所宽宥，作家很不容易，所有艺术门类里只有文学这一块是不可重复的，它的每一次重新书写都是一次新的跋涉。一个画家只要技术成熟，是可以重复的，无外乎画的主题不一样，一个音乐家、钢琴家一辈子二三十首曲子没有问题。文学创作是很累人的一件事，而且这个时代作家相比其他艺术门类的从业者，获得的物质回报也是最微不足道的。批评家干吗不多疼爱点儿好作家？如果连这点儿体恤之情都没有，我也怀疑他批评的质量。当然我不是要求批评家一味喝彩，一味握手言和，而是说，该骂的还得骂，干这件事，要有情商。

杨晓帆　用你的小说题目，作家和批评家应该建立

"等深"的关系。最近有什么写作计划吗?

弋 舟 最近主要在写短篇。我现在整体状态还是处于一个"后刘晓东"时期,就是写完一个相对用力的作品,稍微需要有个休养的时间,但又不能不写。《我们的踟蹰》写完后,陆续写了《平行》《光明面》,主要在形式感上做些摸索。新的写作计划永远排得满满当当,究竟落实几何,走着瞧吧。

杨晓帆 你的小说题目都特别有吸引力,故事中也常常出现那些带有强烈隐喻性的意象,一个瞬间、一个启示,或者一个不可解释的东西。

弋 舟 可能每个小说家的工作方式不一样吧,我特别注意小说题目。在我看来,小说的命题何其重要。我们甚至可以毫不过分地说——小说的标题几乎占据了作品最终完成度一半的比重。如果说小说内容还可以充满了歧义,可以允许被读者无限地解读,那么,小说的命名,就应当是作家主体意识最为强烈的表明,这几乎就是不由分说的。当一个小说家无力为自己的作品命名时,只说明了他自身的浑噩——他其实也不知道自己在做什么。如何命名小说?我的体会是,力求让这个命名笼罩你这个作品所有的边界，从思想到艺术，都起到既廓清又叠加的效果。

我们都是靠寓言来阐释生活的，用比喻，用影射。我是一定要被一个意象唤醒，或把意象还原成一个词语做驱动，才会去做那件事。这种方法好的一面也有，坏的一面也有，坏的一面就是所谓作家的主体意识太强，方向太清晰，导致缺少了混沌的东西。后面怎么克服，我也在想。中国式的语言就是中国式的经验，可是今天，我们熟练操弄的词语，离我们的经验真远。这真让人苦恼。

杨晓帆 最后说说你对自己写作的自我体认吧。

弋　舟 写作跟个人成长环境、跟天赋气质都有关，我就是这么一个作家，天然失去了很多优势，反过来也才成就了我之为我的那个个性。比如我很喜欢田耳的小说，喜欢他那种蓬勃的生命力。田耳以前养斗鸡，像我这样的人去养鸡，一定会搞得满腹幽怨什么的，挺让人讨厌的，但田耳养鸡就养得兴致勃勃，他给人装空调，按我想就是件悲催的事情，但他装得也兴致勃勃。他就是这种性格，是在什么处境下都可以挣扎得特别快乐的人，他也有忧愁，但他是个快乐英雄。我可能就偏阴郁一点。我的基本生活履历，如果不是经由自己去将其夸大到栉风沐雨的程度，也真的是乏善可陈。我今天做一个小说家是经过严肃的思考和选择的,当然,其实还是"被选择"的,我觉得此生能做这样一件事挺好的,算是上帝对我的一个眷顾,就想能不能把它坚持下去。因为人生也不是很长,基本上一半也活过去了。

*《芳草》*2016 年第 2 期

话犹未尽

与张鸿对话

你得常常地倍感空虚

张　鸿　看了你的自序后，我对你有了新的看法。我没有想到你对一些让不少写作者很有感觉的词句有着差异性很大的理解，比如"探索"，比如"在寻找的艺术家"，但在第二章的结尾，你却认为对存在的"不懈的追索"，构成了现代小说的精神基石。如果我没有误读的话，这里边是有内在差异的。能再进一步解读一下吗？

弋　舟　我们得承认，那些"让不少写作者很有感觉的词句"，往往成为失败者的托词，它们可能会被用来掩盖写作者能力的欠缺，可能会助长写作者没有道理的傲慢，令写作变得过于自以为是，像是一个自我陶醉的私人后花园。而我所认同的那个"不懈的追索"，亦有对既往习焉不察的"有感觉"重新怀疑、抱有警惕的含义。不断地推翻自己，以探索的精神质疑"探索"本身的意义。这说起来似乎有些绕，也仿佛什么也没说，但请相信我是诚恳的，而且我也相信，它的确构成了我所理解的那个现代小说的基石。我没法过度解读它，也许，这不过是我一己的态度，那么，它就只和我有关，只对我有效，我也并不期望分享——要知道，那些彼此缠绕甚至彼此否定的认识，才构成了现代小说的复杂性。

张　鸿　2000年你开始写作，我2002年开始成为文学编辑，我们大概相识于2005年，2007年我编发了你的短篇小说《时代医生》，这是一个艺术感觉极好、很有现代意识的作品。那个时候，作为编辑的我和作为作家的你都是在成长过程中。从那一个作品起，我就感觉到你的写作那时正处于一个"凹地"，等待飞翔。这么些年过去，你理想中的那种状态达到了吗？

弋　舟　真是有幸，我们有这样共同的成长，这也是写作之事美好的确据之一，这样的一群人，彼此眺望着，上路了。说到个人的感受，可能我一生都会置身在你所说的那块"凹地"里，这对于一个小说家其实是重要的，囹圄感，失败感，于是恒久地盼望，等待飞翔。什么才是理想中的状态呢？我想，"认命"就是最美好的状态。可是"认命"太难，即便我深知作为一个小说家该承受什么样的命运，但趋利避害的本能依旧会给我带来永恒的折磨。

张　鸿　从第一次在兰州见到你，从你说话的态度、与人交往的内敛或者说矜持，我感觉到了你的孤独，你安静地打量着一切，也试图与之融合，但不容易做到。"凹地"一词英文的说法是depression，它有另一个释义：抑郁。你的性格中是有抑郁的元素存在的，这些元素也体现在你的作品中，你在你塑造的人物身上赋予了你自己的特征，这是你的内在的外显吧？

弋　舟　你所观察到的一切，也许是准确的，那么，这些表现就是我的特点，同时显而易见，它们也将构成我的局限。特点与局限都是令人变得突出的那些部分，但我现在真的不再想要那么突出，也不再想大家都用"抑郁"来指认我——即便，那也许是一个事实。作家在作品中塑造出角色，必然会有自己的投射，可是这样理解文学，还是简单了一些。皮埃尔·别祖霍夫是托尔斯泰的外显吗？还是玛丽雅·保尔康斯基是托尔斯泰的外显？然而托尔斯泰在《战争与和平》中一并塑造了他们，还有娜塔莎·罗斯托娃、库图佐夫、安德烈·保尔康斯基，或者，他们都外显了托尔斯泰，那么，你就得承认托尔斯泰的复杂性。

张　鸿　从作家的宗教意识来说，相比同样信奉基督教的冰心的唯"爱"论，林语堂信仰的游离，我认为你在人文关怀的基础上，找到了普世的价值观。人一旦从物质层面进入了精神层面，考虑到各种存在，考虑到未来，考虑到死亡，自觉观照自己的内心，就会考虑到宗教。传统理论首先是承认、肯定这个世界，宗教则是以审视、批判、颠覆的眼光看世界。对超验世界的探索，潜意识深处的原发性需求，很容易走向宗教。你认同我的看法吗？

弋 舟 是的，我认同。可是我们的认同真的那么正确和重要吗？信仰从来就不是人的逻辑推导而成的，我有些惧怕以自己的短见去过分揣测神圣。

张 鸿 回到你的作品。这些年我读了你不少长中短篇，你的创作量不小，风格从虚趋向实，从以往的着意于技巧走到了如今的自由书写，尤其是近年，这种现象更为明显。这种转变是因何而来？而且，你的每一个作品都是带着问题呼啸而来，然后不停地一环扣一环地追问、探究，然后给或不给结局，这显然是"预谋已久"吧？

弋 舟 "以虚无至实有"，这个命名曾经被批评家用来指认过我。对此，我是甘于领受的。写作于我，越来越成为生命的事实，而面对一个"事实"的时候，我们难道还要罔顾它的存在吗？这种转变只从生命本身而来，那些"呼啸而来"的问题，也只是生命本身的馈赠和捶问，它不是我的"预谋",是时光的本质。今天,我最多感受着的,是人在时光之中的无力。这么说消极吗?不,我想我终于可以渐渐积极一些了。

张 鸿 与不少作品读了开头就能预见结尾迥异的是,你的作品,读者无法预见人物的走向,无法预设故事的发展。无数的可能,需要作家有多强大的艺术把握能力?!比如以前的《时代医生》,比如这个集子中的《把我们挂在单杠上》《嫌疑人》等,这需要作家具备多么大的想象空间才能不走寻常路。能否就一个作品,谈谈作品的一个起意、走向,以及最终所到之处?

弋 舟 我们能够预见自己的走向吗?但我们却设计了作品中人物的命运。在这个意义上,小说家就是对上帝的僭越。那么蓝本就是现成的,我们对自己命运的无知,必须在小说中兑现。上帝把握了我们,小说家去把握笔下的角色,这里面的第一个原则就是——你得让旁观者无力,只有那位把握者是心知肚明的。开头就被预见了结尾,那种小说当然不及格,是对上帝模仿的失败。在这里谈论具体作品,的确难以展开,而且说句玩笑话,我们能去追问上帝是如何起意与布局的吗?上帝塑造世界,有其不由分说的大能，小说家写作的时候亦是，做不到，你就不是小说家，这其实没什么好说的。

张　鸿　判定一个作家的作品是否具有现代性，不仅仅从他的文学理念、作品风格来考察，也许他的语言的运用、叙事的风格也是很重要的一个方面吧。从整体来说，你的语言有诗意，表意精准，节奏感到位，而且语感的度把握得好，在平和冷静的叙述语调中揭示出了人生、人性的隐秘感，表达出了对于人的命运变幻莫测的深刻感悟。正如你对好小说的定义"它有艺术上的周正，读后令人倍感空虚"。这是我个人的阅读感受，愿意就此问题与你探讨。

弋　舟　"艺术上的周正"是"匠气"，"令人倍感空虚"是"神迹"，我只能这样有失准确地形容。我们干着的这件事，必定还是"人事"，注定要有人的局限和笨拙，所以我更看重"匠气"，对人来讲，这也许比"神迹"还要难，尽人的义务，做出人的极致，可能也更合乎神的美意。但今天有太多的写作者在"人事"上都难以达标，语言无诗意，表意不准确，节奏感全无，如此，焉能奢望"神迹"的降临？写作这件事情最大的风险就是会让人莫名其妙地觉得自己很是回事、很不简单，多少人躲在里面沾沾自喜和自我蒙蔽，对此，我们真的是要警惕，而常怀警惕的一个有效途径就是——你得常常地倍感空虚。

张　鸿　《夏蜂》，一个意象性的作品，蜂巢、女人、女人的子宫；《平行》，平行、平躺、老去。你很多作品借着意象、借着隐喻，都生成一种终极指向，抑或道德，抑或罪恶，或者是情爱。这其中有一种批判的精神？

弋　舟　写作这件事情，在我，可能就是朝向那些终极性的问题的，否则，它几无意义。提供娱乐，拉扯是非，乃至传播知识，这些也都是人正当的需求，可是今天其他媒介比小说有优势的多了，小说得有自己不可撼动的底盘，哪怕，它只剩下针尖儿那么大了。人一旦朝向那些终极性的问题，也许，不由自主就会有些批判的精神了吧。

张　鸿　有不少问题想问你，但限于篇幅，我问最后一个问题：你如何看待格非创作风格的转型？

弋　舟　他以自己的写作实践，给有抱负的小说家不断提供有重要价值的参照。他处理的，也许不仅仅是小说的问题，更是"中国小说"的问题，在我看来，他也许还是在艰难地处理着中国的问题。

2016年收入短篇小说集《夏蜂》

与王苏辛对话

重逢准确的事实

王苏辛 老实说,我不是那种看过很多书的人,一般写不下去的时候,就去看看书。我的阅读只能从自己生发,不知道你和阅读的关系是怎样的,我对此很好奇。

弋 舟 我也老实说吧,有时候跟"看过很多书的人"聊,会是另一种难熬的困境,被裹挟在一种专门的语境中说话,其实是很费劲的,说完,搞不好会沮丧,像是又喝了场酒。酒我硬喝也喝得下去,但会是一个勉强的过程。

王苏辛 我刚刚看到一个黄德海和李浩的对话,从他们的言谈当中,我大概感觉,李浩或许是一个被阅读趣味灌溉的作家。我可能没有这个过程,我的阅读是和成长结合在一起的。

弋 舟 你可能大致说出了作家的两种形态。德海和李浩都是我的朋友,两个饱读之士,坦率说,对于那种方式的对话我现在开始有所保留。怎么说呢,我自己差不多也是这么一个来路,但我现在渐渐对自己感到了些许遗憾。

被阅读趣味灌溉有错吗？当然不，但现在我觉得，一个作家如此生长，似乎有些"人工"的亏欠，譬如被一把水壶伺弄出来的植物，总是不如栉风沐雨来得更令人心动。在这个意义上，和成长结合起来的阅读，在我的理解中，或者更具生命感吧，即便长得很蛮横，也蛮横得比较可爱。

王苏辛 在某一段时间内，如果生活出现问题，我写出的东西大概也会显得缺乏耐心。刚才说的"写不下去"，其实就是指这种状况，我不知道怎么把一些刚刚开始感受到的东西表达出来，这个时候我就会知道，可以开始新的阅读了，或者必须去阅读了。

弋　舟 真不错。在我的经验里，许多作家的阅读是直接作用在创作上的，即时转换。你的这种方式，没准更符合阅读的本意——让阅读先作用于生命，然后再转化为写作。

王苏辛 我的理解是：一个作家，被阅读趣味灌溉没有错，但这个阅读趣味可能要适合自己。这就要求写作的那个人随时随地都要了解自己，不仅了解自己的过去，更要了解自己在不同阶段的面目，以及如何适应不同阶段的自己。这样说起来，被阅读灌溉的作家，其实和那种与成长结合起来的阅读、写作者，仍是走在同样的一条大路上，写作最终是通向生命的——那就是在写作中养成自己。你说的"专门的语境"是指文学概念或者某些理论吗？还是仅仅指常识引起的陌生感，会让你觉得无法尽快进入自己的话语体系？对你来说，是更喜欢单打独斗的状态，还是和群体站在一起？

弋　舟　这个"专门的语境"除了你说出的这些内容，更多的，我可能是在说一种感受，一种"端起来说话"的腔调，一种习焉不察的傲慢，还有隐隐自得的态度，等等吧。什么是我们自己的话语体系呢？作为一个人，说人话，不就是我们那个根本的话语体系吗？可我们有时候太把自己不当"人"了，时间长了，不知道别人什么感觉，我是会有点儿烦，有点儿讨厌那个不说人话的自己。当然，有谁会喜欢打群架呢？四处吆喝，虚张声势，那是懦夫的强项吧。

王苏辛　说到"端起来说话"，倒让我想起之前看你的小说，比如《等深》中茉莉和刘晓东的对话，会觉得人物有些累，他们驮着巨大的包袱在走，但是到了《随园》，或者说整个《丙申故事集》中的小说，我发现你把人物身上那种比较显眼的负累撤去了,而是将其融于整个环境之中。于是环境的改变也是人物改变的一部分,大的环境因为这些看似芜杂的情绪和负累反倒多了一些层次感和活力,人物本身显得整洁、明朗,小说的前路因此更觉开阔。

弋 舟 文学之事就是这么微妙,当我们反对什么的时候,马上又会觉得自己可能错杀了什么。仔细琢磨一下的话,你又会发觉,文学本来就是一件需要"端起来"的事,否则它几无意义。这还是要分具体的语境和文本。老实说,这的确有点儿累人,我们都太过"知识化"了,我们"太文明","懂得的太多"了。你对我小说的阅读感受,如果将之视为一个表扬的话,我只能将"进步"归功于时间,现在写得比以前"好"了那么一点儿,这是时间之力,是生命本身的朝向。将人放置在环境里,这事儿,也只有时间能教会我们——原本我们恐怕是没有学好如何恰当地在世界中摆放我们。

王苏辛 其实"好"的东西千姿百态,但和"自己"有关的好才动人心魄。所以我可能无法觉得这只是"时间之力"使然,而是拥有时间的人自主的选择,是他们的心让他们走向了自己的"信"。再回到你刚才那段话的前半截——文学是"端起来"的事物,但这个"端"仍然是作者呈现出的诚恳的自己,或者说有良心的自己,在这个基础上,"端"才有"端"的价值,否则,或许就是伪饰。

弋　舟　没错,这是大的原则。但在这个大原则之下,我们得始终警惕不要让自己被"大"绑架。你的这些表述,我相信是诚恳之语,但它略微"鸡汤化"了点儿,"伟光正",颠扑不破并且天然地拒绝被否定。有时候,我觉得我们要避免这样来表述,风险太大,听懂了的没问题,没听懂的,可能会是个误导。而且,这样说话还是轻易了一些,就像是在说晚上要比白天黑。

王苏辛　你说"鸡汤化",我的理解是那段话使用的多是概括性语句,而这些东西,它们得遇到恰当的时机,遇到准确的事实,才能有它自身的意义。我刚才说到那些,其实是在你的小说中看到了这个东西,比如《随园》中女主角整个旅途的微妙变化和对过去的检索,以及《发声笛》结尾中出现的Beyond《大地》国语版的歌词:"有一群朴素的少年,轻轻松松地走远。"这样的基调,让我仿佛看到一个不再年轻的人和年轻时的自己重叠,而我之所以从这些小说中看到让人愉悦的活力,恰恰就是因为这种重叠。

说起来,《丙申故事集》里的几个小说不少地方都充满这样的"重逢感",这是故意的吗?还是这种和过去的重逢,让你觉得恰是这些小说力量的所在?

弋 舟 "遇到准确的事实",这个句式太棒了,差不多可以用来做这个对话的题目。当一些似乎不言自明的理念"遇到准确的事实"时,它也许才能成立,否则,它也只能"不言自明"地闪闪发光。这也是我开始警惕一个小说家四处布道的原因,你所布的那个道,唯一需要遇到的是你写下的作品,那是你的"准确"所在,是你永远应该追逐的第一"事实",否则真是有夸夸其谈之嫌。而"遇到准确的事实",同样隐含了某种更为深刻的小说伦理,"遇到""准确""事实",这三个词,实在是充满了力量,连缀起来,几乎就是小说写作的"硬道理"。这本集子取名为《丙申故事集》,本身就是在向时光和岁月致敬,那么,与过去重逢,回溯与检索,不就是时光的题中应有之义吗?时光是有力量的吗?嗯,这个倒是可以不证自明的。

王苏辛 说起"时光"这个东西,在拿到《丙申故事集》的书稿时,有位同事出于对书名的好奇,让我一定给她看看。她看了一部分之后说,这些故事让她想到王小波的《黄金时代》。我觉得这个说法不太准确，但确实很有趣。因为我觉得《黄金时代》也是一个关于时光的作品，但不同的是，《黄金时代》是过去的时光，我们在它开始的时候就知道这是一个过去的故事（尽管里面的情感是超越小说背景的），但《丙申故事集》不是，它里面的每篇小说，都充满浓烈的现场感，即使在回忆过去，那过去必然也已经是现在所认为的过去。这个"现在"或者说"现场感"，让我好奇的是你写之前就想到的，还是写着写着，这种气息才出来的？

弋 舟 完全以一种"我奶奶……"的"过去时"来结构作品，可能不是我目前的写作兴趣。的确，这本集子里的每一篇，都必须有"现在进行时"的时刻。这里面并无优劣之分，也不仅仅是小说的技术性问题，它只是出于我这个写小说的人个人的愿望，喏，我给自己制订了一个计划，在一年内写出一本书，我给这本书取名为《丙申故事集》，已经是对自己的一个强迫，它只能在"这一年"完成，而"这一年"，当然是"现在进行时"的，如果我有意写一本回忆录，那我也许会取另外的书名了吧。它是一个跟自己较劲的产物，是个人趣味的产物，是"居于幽暗自己努力"的产物,当然,它也是时光玄奥之力的产物,是作为写小说的我个人心情的产物。它所能呈现的,就是作为写小说的我的"现在进行时"的状态,它负责记录我的丙申年。我想,这也许才是你所说的那个最大的"诚恳"和"有良心的自己"。在这份愿望下,我对此刻身在的世界充满热情,哪怕厌弃它,也厌弃得深情而热烈。

王苏辛 我从这本小说集当中,读到的是一群人的"过去+现在+未来",这些人物尽管有相似性,但没有重复。我从中看到了自己的一部分过去、现在甚至可能的未来,说起来,有件有趣的事情:一个年长的朋友看到我在朋友圈提到《随园》,特地去看了一下,看完之后他说不相信我居然会喜欢这样的小说。我大概理解他说的意思,但这恰是《随园》,以及整个《丙申故事集》的生命力所在。它当中的这些人物看似互相有疏离有缝隙,但这缝隙恰让这些小说的生长感更浓,仿佛阅读的时候能从这个缝隙中体察自己和周围的关联。它写的"我"不单单是某个处境中的"我",而是它通过某个处境中的"我",写出了独属于这部分小说的"他"和"他们",因此,这部小说集才如此动人。我的反射弧略有些长,刚才你说到那个题目,我觉得真的很棒。但我突然想到,似乎"重逢准确的事实"更适合。事实其实一直都在,作为那些想要看到更广阔天地的人,我们随时可能与它重逢,甚至随时准备着与它重逢。

弋 舟 这位年长的朋友是基于什么来判断你不会喜欢这样的小说呢?回到你前面说过的话,"这个阅读趣味可能要适合自己。这就要求写作的那个人随时随地都要了解自己",在我看来,我们的那个"自己"往往是面目模糊的,有时候,不是我们在根据自己的趣味来选择阅读,而是阅读在某一刻击中了我们,让我们的那个"自己"觉醒,"哎呀,我遇到了我!"这正是写作与阅读的秘密,它被我们寻找,也强力地寻找着我们,找到了,捕捉住,于是,我们的那个"自己"才如花绽放。这可能是一个发掘的过程,也可能是一个塑造的过程。发掘是因为我们原本就有,塑造是因为拜它所赐。那个写作的人如何随时随地了解自己呢?喏,他只有随时随地地去阅读和写作。你那位年长的朋友,可能恰恰忽略了这种"时刻生长的阅读趋势",他只看到自己对阅读的控制,忽略了阅读对自己的那强大的改造,并且,如你所说,他还有可能割裂了自己与"他"

和"他们"以及无穷的未知者之间的关系,不见他者,也难见自己。听你的,这篇对话就叫"重逢准确的事实"吧。

王苏辛 人是先遇到事实,再遇到自己。那位年长的朋友首先从他关心的那部分来看待这个小说,认为这是一个二十世纪八九十年代文艺女青年的成长史,这中间有他关心的那部分社会性的变化,他根据这个缘由去理解这个小说,觉得应该是个我陌生的东西,我不理解那个时代怎么能理解这样的人物呢?上个月我碰到复旦大学的金理老师,我们都很喜欢《随园》,但他喜欢的理由和我完全不一样,他是从外向内的,我则是由内向外的。我喜欢的理由可以说非常单纯,就是觉得女主角想的某些问题我也想过,这种想可能不需要同样的经历,但有着一定程度上的相似性。也可以说,我通过这个小说遇到了自身的那部分事实,也正是这部分事实让人有可能进入那些潜意识中有,但可能还未彻底揭开其面纱的世界,如此,阅读有了意义,这个意义就像你前面说的那样——我们遇到自己的"阅读",惊呼,"我遇到了我"。

弋 舟 "没有那样的经历,便无法理解那样的作品",这样的认知方法,显然很大程度地拉低了文学的意义,几乎算是消解了文学存在的理由。如此说来,我们压根没法理解孙悟空跟贾宝玉。当然,尽可能多一些地给不同的阅读者提供发现那个"自己"的可能,应该也是一个小说家的追求。见山见水,你得写得有山有水。格非先生说这本集子写得有"密度感",在我理解,正是在这个意义上的兑现。一次跟他聊天,他就说起过小说"密度"这个话题,他举了一个非常贴切的例子:一把椅子,如果它的材质结实,是密度很好的木材,那么,即便它打得不漂亮,价值也高于一把漂亮而薄脆的椅子。这个认识在我看来非常重要,尤其,它出自格非先生这样一位曾经以"漂亮椅子"为能事的前辈之口。我觉得,此间确有真意。所以,这本集子我力求让它结实一些,而我所能找到的最有效的方法,似乎就是让它紧密地与现实关联,让它生长在现实的根基之中,于是,奇妙的事情发生了,过往乃至未来,年长的朋友、金理和你,都翩然而至。我得学会尊重铁打的事物。动辄让人坐着毯子飞起来,我现在不大热衷了。

王苏辛 格非老师那个比喻对小说的叙述提出了更高的要求。小说家不可能把三维的世界压扁来增加密度感,而只能写出一层层递进状态的事实。要抵达如此结实和苗壮的密度感，可能需要"剥洋葱"的过程，在这个过程中不断与准确的事实重逢，甚至写到后面，作者本人也会因为这个小说，明白了一些自己过去不甚明白的东西。如此，写作也可以是阅读，阅读也可以是写作，生活因为精神层次的递进和辗转，有了密度，我想，这或许是你说的尊重铁打的事实的最大的意义。就像我读《发声笛》的结尾，发现你把小说的点落到人物青少年时期的样子，那个唱着歌的人，身上充满未经反省的荷尔蒙，但这样的他，或许是目前的他人生如此这般的源头。再说到小说之外，正是不断地"回去"，不断回到那个"朴素"少年，生而为人才不至于总是积累歉疚，而是用不断的进步，来提炼出那个更好的自己。

弋 舟 那当然是一个更高的要求。它需要我们的眼里盛放得下更多的"事实"，需要我们有能力去"准确"地与之"重逢"。而且面对这样一个"事实"，我们必须暂时放弃自己既往那种无度地将世界"虚拟化"的习性——山就是山，是石头和植被，不要再去条件反射一般将它比附为"一堆音符"什么的。你所说的"层层递进"和"剥洋葱"，在我看来，就是逻辑的能力。不讲逻辑难道不是更轻易一些吗？尽管，那样看起来似乎显得高级一些。抓铁有痕，轻盈或许才真的能够轻盈。对"现在进行时"的重视与尊重，必定导致我们重视与尊重逻辑，因为，由此我们不得不去重视与尊重"现在进行时"的根由——它是如何这般与只能这般的。一群中年人，他们不是凭空活在丙申年里的。而且，有了来路的对照，今天的诸般心事才更加让人怅惘，那些个朴素的少年，才愈发显得珍贵。于是一切都会有了"准确"的基点，让我们能够稍微可信一些地"提炼出那个更好的自己"。

王苏辛 你说"层层递进"和"剥洋葱"在你看来就是逻辑的能力，我觉得还不止那么简单，可能还要看是"文本逻辑"还是"事实逻辑"。如果是后者，当然没什么可说的，但很多时候，前者的出现会像烟幕弹一样，让人误以为自己转过去了。《丙申故事集》中的逻辑当然是"事实逻辑"，也是基于此，我们两个生活经历和思想状态不一样的人，也能就一些共通的东西进行对话。看《丙申故事集》前后，我也看了一些其他不错的小说，我发现《丙申故事集》和那些小说的好不太一样，你似乎无意去呈现某一个饱满的点，而着重在呈现事物的一整面，尤其是《随园》，也包括《出警》等小说，都不是单独在写哪个人或者哪几个人，而是尽可能呈现一个打开的世界，阅读者可以从这个世界中选择一个自己的点进入。我很好奇：这样去打开世界的你，在前进时，如果不自觉遇到一堵坚硬的墙，是如何处理的？我指的不是小说技术，而是我感觉，很多小说出现的契机，或许来自那个让作者心动的部分，但可能在前进时，这一切并非最初所想，一些原本不在计划中的感觉也仿佛敏锐起来。你是如何面对那部分突然来临的东西的？会为这种写作时突然驾临的东西改变自己眼前的写作吗？还是暂时将之放在一边，继续投入那个计划中的世界？

弋 舟 世界真的必须被拆分为"计划中的世界"和被"一堵坚硬的墙"挡住的世界吗？逻辑呢？是不是也真的非要开列出文本和事实的不同？我们做出一个判断，一定要想清楚它正反的两面吗？当然，这些都没错，而且是我们的强项，习与性成，几乎就是我们跟这个世界展开辩论的利器。但是对此，我真的有些疲惫了，那种没来由的雄辩欲终于令我心生厌倦。更为关键的是，某种程度上讲，这种"左右开弓的智力"，还会磨损我们行动的能力，让我们丧失对直觉的信赖，陷入过度思辨的泥潭里空转着自己的道理。所以，现在我写小说时，宁愿让自己更混沌一些，可能这样的态度，反而如你所说，更有利于"呈现事物的一整面"。世界从来都是"一整面"，是我们的聪明劲儿把它搞成了碎片。我得让自己恢复一下视力。一个婴儿看待世界会那么复杂吗？糖是甜的，有幸福感，药是苦的，令人难过，做出这些判断时，他不会聪明伶俐地想到糖吃多了会生蛀牙，良药苦口利于病。他不辩论，辩论对他而言跟不讲理是一个意思。如果重新尊重世界的整全，我们的技术，我们的动机，就会都显得没那么重要了。许多难题，也将迎刃而解。我们能够对话，不是基于我们的分歧，是依赖那个"一整面"的世界对我们基本的笼罩。只有一个世界，你以这样的心情去处理它，"突然"的东西就很难对你形成干扰，即便为之震惊，也会理解那是被"注定了的震惊"。

王苏辛 世界确实是"一整面"，我们也始终被这"一整面"的世界笼罩，但如果这"一整面"世界对谁来说都是一样的，我们写作的意义又在哪里？我们写作的驱动又在哪里？我们如何确认自己感受到的是独一无二的？另外，一个婴儿看待世界不会那么复杂，但我们的眼光无论如何不会是婴儿的对吧?"能婴儿乎",是一个"能"的过程,这个过程,才是写作的意义不是吗?写这个"能",也才是"重逢"吧?

弋 舟 这"一整面"如果对谁来讲都是不一样的,那我们的写作就只能对自己发生意义,对他者必定无效。写作的意义,今天在我看来,已经不再是将写作者从世界上区别出来了——那就好像是得到了某种特权,被专门遴选了一样,多狂妄。今天驱动着我的,也许正是那个让我"与人类相同"的盼望,这是对于狂妄的矫正,是对无知的反省。我们当然是独一无二的,这差不多不需要辨认,人性中自以为是的那一面从来都怂恿着我们自我地夸大,但这个独一无二,能大过世界的独一无二吗?"重逢准确的事实",也许就是勒令我们回到事实当中,历练写作者的所"能",不要一往无前地虚妄下去,"复杂"下去。与事实准确地重逢,与本能准确地重逢,有益于我们抵抗虚无。当然,这个动机看起来本身就那么虚无——因为我们差不多早已丧失了分辨事实的能力,我们"惯于愚蠢地将换喻当作发现,隐喻当作证据,把连篇废话当作妙语连珠,把自己当作先知……"

王苏辛 好感觉,但是跟哪些人相同呢?这里是不是仍然有种骄傲?也许世界到底是怎样的它本身不重要,重要的是处在这中间的人,或者说那些走在前面的人,是怎么想的。甚至可以说,世界的独一无二是由那些走在最前面的人决定的。

弋 舟 "走在最前面的人"一个巴掌可以数过来,他们已经成圣、封神。别想了,我们不在那个巴掌里。这些问题太宏大,不是说思考它没有意义,而是说竭力去琢磨,会有倒向空想的风险。有时候我会想,我们的判断压根不值得被说出来。

王苏辛 在《丙申故事集》中,我时常感觉到人物的变化,从某种程度上来说,人物的变化,给了小说即使在文本结束之后依然滚下去的力量和可能。这几个小说,《出警》读下来更有剧情感,《随园》则是严密、深邃,又如北风入骨。《发声笛》《但求杯水》和《巨型鱼缸》,人物的内心看似没有前面两篇有跌宕感,整体风貌则更接近普通的日常。我比较好奇,尽管它们都包裹在"丙申故事集"这个书名之下,但都有各自的不同与侧重点,仿佛春夏秋冬四个季节,我阅读的时候会觉得时而回到童年,时而又去往未来。即使像《随园》这样非常有密度的一篇，写到后面，也感觉那个用力写的人渐渐消失，转而看见的是一片平原。

弋　舟　写作会有失控的时候，但集子里的小说的确是我明确控制出来的结果——书名本身就是一个确据。我不想让这本集子太过"奇崛"，但我又无法接受它彻底的平庸，于是"日常"是它的底色，在局部上，竭力跃身而起，去够向自以为可以企及的屋顶。这也是我写作时的真实姿势——我真的是写一写，就会自己在屋子里跳着去摸摸天花板。但是，更多的时候，我只能日常地坐在电脑前。我觉得这没什么不好，一如你所说的一年四季，夏天不应该成为否定冬天的理由，而秋天也无法抹杀春天的价值。这才是我的丙申年，这才是世上的丙申年。如果说，我一定想通过这本集子表达什么，那么好吧，我想要表达的是自己对世界的服从。至于表达得怎样，是否达标，这样的问题本身就与服从的愿望相悖，我想，所谓服从，就是接受结果，它一百分也罢，五十分也罢，我都服。不服你也没法再过一遍丙申年。这样的认识，就是我眼里"准确的事实"。丙申年过完，我又长了一岁，谁都没法儿罔顾这个事实，推翻这个影响，谁要是在这些问题上也跟我"知识分子化"地雄辩，我跟谁急。

王苏辛 哈哈。没有谁跟谁急，即使我们再怎么努力"与人类相同"，每个人的生命都是独特的，是怎样，就是怎样，祝贺你在这个丙申年写下了这本独特的小说集。

《文学报》2017 年 3 月 16 日

与舒晋瑜对话

顽强地重建着的垮掉的生活

舒晋瑜 为什么你的作品,每一部都要写一句献词?《刘晓东》献给母亲,《平行》献给父亲,《雪人为什么融化》献给姐姐……在《丙申故事集》中,你甚至"再一次永远地献给妈妈"。这些虚构的故事,和血脉相连的亲情之间,有何关联?

弋舟 这的确是一个小说家的"私情"。但我想理解起来也不会特别地困难。毕竟,我们还是赋予了写作之事某种崇高感的。将崇高的事物奉献给亲人,既表达了我自己对亲人的爱,同时也敦促着我在写作的时候"自我确认崇高"。我觉得可能后者更重要一些,一旦想象我的写作要交由亲人来检验,我的笔至少就不会过于散漫和懈怠吧。我所说的"交由",并不是说一定会让他们读,更多的意思是那种精神的交托。写《丙申故事集》的时候,我妈妈已经离世,事实上,她也无法读到了。

舒晋瑜 《丙申故事集》和《雪人为什么融化》整体感觉似乎一脉相承。感情没有归宿的主人公,乱伦或违背常情的情爱……城市是幽暗的萎靡的,时代也是混沌没有方向的。我很想了解你在写作时的精神状态。

弋舟 一个作家肯定有着自己毕生相承的"一脉",但你给出的这些描述还是令我有些震惊。如果我的小说就是描述着如此的景象,我必须反省自己的失败。因为,那不是我想要在文学中提供给世界的,甚至,它都有违我的信仰和我的文学观。作家与他的作品之间,可能会有神秘地相互投射,但是还好吧,我觉得我在写这些作品的时候精神状态至少和常人没有太大的差别,忧虑着一个常人应当忧虑的,喜悦着一个常人应当喜悦的。如果阅读我的作品只给你带来了这些观感,我愿意相信,那并不是出于你的误读,而是我的写作能力与我的写作目的没有能够一致。我会认真思考这个问题。

舒晋瑜 谢谢你接受我的阅读感受,尽管这感受并非准确,只是一己之见。我以为作为同时代读者,能够比较一见如故,更能深切地体会你的作品——可能我读得不够多,理解不够全面。比如《雪人为什么融化》的人物背景是某晚报。主人公晚报记者潘布的感情经历丰富,他和女网友飘摇的遭遇最为奇特,飘摇因丈夫出轨产生报复心理,和潘布只在网上聊了三次就"鬼混"。这样的女人,后来却在潘布否认认识她的情况下找她黑社会的哥哥"捍卫尊严"——在阅读的时候我就在怀疑故事的合理性。当然也可能是作为女性读者的一种狭隘认识。我想问的是,小说家对于故事的构思,在其逻辑严密性上是如何考虑的?

弋 舟 是的,"同时代人"的阅读最为重要,我不是特别赞同那种"写给未来读者"的远大抱负。作为一个专业的阅读者,你对我的作品迅速达成的印象,一定在很大程度上揭示了它们的某些特质,对此,我一定会认真对待。既然令你产生了对于"合理性"的疑问,那么这个小说一定是有所欠缺的。所谓"小说的合理性",在很大程度上要结合着小说的具体文本展开讨论。譬如,在《变形记》里我们就不会质疑卡夫卡将人变成虫子的合理性。但《雪人为什么融化》这篇小说基本上是以"写实性"的方法来写的,那么,我就得接受你"写实性"的质疑。现在看,它的说服力的确不是那么充分。小说家必须尊重故事的逻辑严密性,这也许都应成为小说创作的第一律令。可能更多的分歧,在于每个人对"逻辑严密性"的认识有所不同。有的人将镜子里的事物当作现实的投射,有的人只当它是泡影。但无论如何，一个作品应当经得起挑剔，乃至"狭隘"的审视，即使这很难做到，就像我们无从满足所有人的审美一样，但至少应当成为一个小说家用力的方向。

舒晋瑜 《凡心已炽》刻画了一个为了男人或者说为了爱情不断挪用公款，从而走上不归路的女人阿莫。阿莫为什么会成为这样的女人，男人有多大的魅力使她在深渊里越滑越深，我没有在小说中找到答案。对于那几个享受过阿莫公款的男人，小说中没有过多地描写，副教授只问过一句："你哪里来的这么多钱？"阿莫一句"偷的"就带过，不了了之。能谈谈这个故事吗？纯属虚构？你对小说中的男主人公怎么看？

弋 舟 这个故事完全是虚构的。没有过多描写男人们，也许是因为这篇小说我原本就只想描述阿莫这个女人。当然，她是在男人的映衬之下才成为小说中的那个她，但她并不依赖男人来完成自己在小说里的命运走向。阿莫的悲伤，也许就在于她自己都不知道自己被什么所驱动。我们要承认，人性中总有些什么躲在蒙昧的角落戕害着我们，如果一切都条分缕析，我们可能会避免许多鲜明的痛苦，但是我想，同时我们也将丧失许多隐秘的欢乐。我觉得，文学正是在捕捉这些未明之事上才具有着优势。同样，这些说辞最终只能落实到小说里去被人检验，你觉出了遗憾，就表明这个小说留下了遗憾。

舒晋瑜 《怀雨人》这部小说里，学校安排给"我"一项特殊任务，就是照顾潘侯，潘侯数学很好，但是走路经常不明方向，走着走着脑袋撞到墙上，像外国电影里面的雨人似的，因为保护不了他的女朋友，反复奔走……你的小说给人带来新鲜的阅读感受的同时，也带来很多思考，比如潘侯为什么能够生存，并得到最漂亮的女生？故事也触及了社会痼疾，但这似乎并不是你的处理重点。也许我的理解有些偏颇？你希望通过这个故事表达什么？

弋　舟 老实说，让一个小说家对自己的小说做出说明，是这个世界上最困难的事情之一。我希望表达什么呢？可能我所希望表达的一切，都罗列在小说里了，甚至，我未曾想表达的，小说和小说的读者，也自我生成了。潘侯背后那个社会的"痼疾"是一目了然的，但的确如你所说，它不是我在这篇小说中处理的重点。小说肯定不仅仅只是在揭示"社会痼疾"上才发生着意义，它有着复杂的审美系统。如果一定要问我希望通过这个故事表达什么，那么好吧，我想表达人的正直依然值得盼望，想表达笔直的爱和磊落的精神始终存在。

舒晋瑜 很多读者都发现，《我们的踟蹰》中有一个"眼"，就是来自《汉乐府·陌上桑》里面的"踟蹰"，"踟蹰"这个姿态重新成为现代人爱情姿态的一种象征，小说中的三个人都在"踟蹰"，都拿不定自己是不是在真爱。这是否也是你对现代男女之情的认识？

弋 舟 是的，这部小说直接被那首古诗所驱动。我们的汉语真的很伟大，早早地就为我们提供了准确描述复杂世界的词语。我挺反对用作品来套作家，但我也接受作品在一定程度上反映着作家的观念。但是有个常识依然需要重温：小说不等同于小说家。"对现代男女之情的认识"，是一个过于宏观的打量，社会学家也许更有把握的能力，而一个小说家，可能更多的时候是在捕风捉影。

舒晋瑜 专业术语经常出现在你的小说中，比如《等深》，比如《隐疾》中的梦游，甚至大段地阐述这一医学概念。而《怀雨人》中的潘侯，实际上也是患了一种病。是由概念引发的小说，还是小说中格外需要阐述这一概念？

弋 舟 这两者之间是彼此缠绕和相互促发着的。在特定的文本里,我需要这样的处理方式。我想,探讨人类的疾病,可能也是文学的一个古老传统吧。即使从"社会批判"的角度去要求,针对病灶,也是"批判现实主义"的题中应有之义。

舒晋瑜 《刘晓东》是一部被评论反复阐述的作品,但是你自我评价并不是很高,为什么?是否是你对自己期许太高?

弋 舟 老实说,我对自己所有的作品评价都不是很高。这可能也是作家们的常态吧,就像我们很难举出例子,有哪位作家对自己的作品"评价很高"。我想,这可能还不仅仅是因为谦逊,还因为,好的作家内心里总会存在着一个难以言明的尺度,他知道自己与标高的距离。自我期许高一些也不是坏事,而且,我认为好的作家还是应当对自己的期许高一些的,尽管,我的自我期许可能也不是很高。

舒晋瑜 "我梦见了金斯伯格/他向我讲述垮掉的生活"这句来自娜夜的诗,我倒觉得可以理解你讲述故事的基调:垮掉的生活。如果请你对笔下的生活做个概述,你会怎么写?

弋 舟 顽强地重建着的垮掉的生活。

舒晋瑜 有评论家提出,如果你的题材领域拓展一些,可能结构故事的方式和社会体验的方式也更为开阔。不知你如何看待?

弋 舟 我认同,这就好比是在说,如果我们长过两米高,就可以试着去打打篮球。我接受自己的局限性,但也会努力去尝试这样的拓展。

舒晋瑜 回顾自己的创作,你愿意做何归纳?你觉得自己的创作面临怎样的状况?

弋 舟 好歹算是坚持写下来了——这可能是我回顾自己创作时最先跳出的感受。目前,我的写作所面临的状况和最初提笔之时没有本质性的不同——始终都是在考验着自己的能力,体力上的,智力上的,耐力上的,笔力上的。

舒晋瑜 《丙申故事集》是你对自己一年之内要创作几个故事的硬性指标?你是不是一个特别勤奋的作家?

弋 舟 是一个硬指标。但那实在不能算作勤奋,许多前辈作家依旧保持着的旺盛的创作力,太令我们汗颜。事实上,给自己一个硬指标,也许恰恰是由于自己的不勤奋,于是才要用硬指标来矫正自己的懒惰。我可以给你透露一下，今年我的硬指标是写一本《丁酉故事集》，这同样是出于我对自己懒惰的恐惧。

舒晋瑜 作为专业作家，必然会面临如何突破困境和如何保持叙述能力的强大及鲜活的考验。在这方面，你是如何做的？

弋　舟 这是永恒的考验。而且我觉得这种考验也不是仅仅针对着一个专业作家，它可能针对所有的生命。我觉得，对文学的忠贞不渝，是应对这些考验的基本前提，就好像，对生命的珍惜敬重，才是我们不至涣散的根基。为此，我愿常怀警惕。

《中华读书报》2017 年 9 月 6 日

与王苏辛对话

颇艾
未宁

对更普遍的生活的忧虑

王苏辛　又一年，拿到了《丁酉故事集》，读完后发现和《丙申故事集》很不一样。如果说《丙申故事集》在讲人的情感、人的精神如何置放，那在《丁酉故事集》，我看到的，是你将笔触更具体地聚焦于普通人，或者说对精神生活有要求的普通人，能在这个不断变化以及信仰缺失的世界中做些什么。不知我的感受是不是准确？在创作《丁酉故事集》的过程中，你感觉到自己的哪些变化？你是在有意识地突出自己作品的变化吗？

弋　舟　你意识到没有，当我们完成作品后，倘若过度地自我谈论，会酿成一定的风险——没准读者会照着你给出的答案，懒惰地收窄自己的判断，甚至干脆依照你的说辞，简单并且粗暴地臧否。在《丙申故事集》后记里我们聊到的那些内容，如今已成为最令我头痛的口实，有些读者乃至评论者，据此对小说武断地做着标签，而在我看来，狭窄和武断，都是理解文学的大敌。当然，话是我们自己放出去的，被广泛征用，也没什么可说，你没法去指责别人的懒惰，只有警惕一些，在作品以外少一些言论吧。现在我们聊《丁酉故事集》，针对着的是一个"过去"的时态，它已经是成品，你所言及的"有意识"，诚然是一个前瞻性的状态，老实说，写这批作品之前，我并没有这些笃定的前瞻，如今水落石出了，或者才恍然大悟——哦，原来它们是这个样子，有了变化，凸显了什么。所以，现在我们如果谈出了点什么，也只能是后知后觉。可这并非不重要，在人间又活过了一岁，回头看看，也没什么不好，它能让我审视自己，即便，审视出的结论可能会授人以柄，会有被误解和扭曲的风险。

王苏辛 好的，那我们还是聊这部小说集。《势不可挡》这篇，我感觉它非常写实，然而每一处又都是象征，仿佛在想象的礁石上建造了一道壁垒。精神领域的劳动者们在小说中被认为是"无用者"，而他们却又通过塑造"圣母"的形式，完成自己劳作的仪式，最终，这个仪式也不得不宣告破产——这样的情节听起来仿佛有些似曾相识，但阅读的时候我很倾心对于这些艺术家和作家劳作仪式的讲述，那仿佛是一种不肯忍让的妥协，渴望既保全自我，又能被社会体制所认可。而在艺术家作家们自己设置的劳作仪式破产后,最初的反抗者们又成为专制者。这很黑色幽默,却又在无数个时代反复上演。书中这些精神领域的劳作者们有没有你身边作家同行们的影子?如果真的有文学艺术被认为"无用"的那一天,你还会继续写作吗?

弋　舟　《势不可挡》是在明喻今天"未来已来"的事实,也是在形容我对人性基本的理解,喏,"最初的反抗者们又成为专制者"。这令人绝望,"却又在无数个时代反复上演"。于是会怎样呢?于是人类因此都变得极度厌倦了,当然,也因此变得极度灵活了,由之发展出了戏谑,发展出了反讽,发展出了黑色幽默,一边轰轰烈烈打着世界大战,一边兴致勃勃地写着《好兵帅克》和《第二十二条军规》。在"势不可挡"的人性面前,在庞大而沉重的境遇面前,如今我们与之斗争的,除了人类简史,还有了未来简史。丁酉之年,我听到最多的一个词大约就是"人工智能",乃至许多文学活动都是围绕着这个话题。一方面,我因此获得了思想的活力,另一方面,又是深深地疲惫和厌倦。那种无能为力的感受混合在错乱的亢奋中,就和我们面对人性晦暗之时的精神状态一样。小说里那些徒劳的劳作者,既滑稽可笑,又伤感哀愁,他们非但是我的同行,更有可能还是我自己。在一定意义上，文学已然"无用"，可是你看，我们依旧在写，在徒劳地戏谑，在疲惫地杜撰。有时候我会想，也许这样的滋味，恰是文学亘古的常态？她从来就在"无用"的沮丧下，面对着势不可挡的世界。文学可能本来就是一场仪式，而世界，可能本身就是一场更大的仪式。

王苏辛 你说到"徒劳"，这恰是我接下来想问的。在你的小说中，我常能读出有限的解脱在更深层的忧虑面前仍显得徒劳的感觉。但生活或许原本就是对徒劳的应对。《会游泳的溺水者》中，无论是"我"在妻子溺亡后，渴望拯救同样有抑郁症的女同学，还是反复出现的"群鸟"，贯穿全篇的"古希腊人站在海边，眺望着紫色大海"的意象，都让人感觉到一种对自我、对更普遍的生活的忧虑。你是否是通过自身的写作去解决自身的忧虑？在你看来，这种忧虑在生活中是不是必要的？有人说，人只能承担自己所能承担的，但一个作家，他可能没办法只关注自己能承担的，他总要有"公心"，对此你怎么看，又如何面对自己对于普遍困境的忧虑？

弋 舟 想想真的是这样——"对更普遍的生活的忧

虑"。我们写作,首先一定是基于自己的个体经验,但若要解决个体经验中的忧虑,我所能想到的、唯一有效的途径,或许就是"对更普遍的生活的忧虑",那样能够令我自己汇入某种"整体性"的告慰之中——我所承受着的,是所有人都在承受着的。"群鸟""古希腊人""大海",这些昭示着自然风物和人类历史的修辞,至少能够有限地引领我趋向更加辽阔的抚慰,那个自怨自艾的个人,至少会从中有限地忘掉一己的艰难。在这个意义上,写作就是在解决我们自身的忧虑。忧虑必要吗?也许它压根就不是一个选择项。"对人类的忧虑"必要吗?至少,本着"自我安慰"的需求,它就是必要的。那些"更普遍的困境"就是我们个体忧患的根源,对此视而不见,你就无从理解自己所受的伤害源自何处,无从给予自己一个"广谱"的医治——哪怕,对于医治的盼望本身都是徒劳的。

王苏辛 《会游泳的溺水者》开头就写道:"这些貌似无用而驳杂的知识,只能令我深感焦虑和茫然。"嫁给全城炙手可热人物的宋宇直言"我不需要自己的人生"。这两个状态,在日常生活中经常能看到。比如一个人遇到没有能力解决的精神难题,这个难题的存在又让他的整个生活显得失衡和无序。于是有人说，不能解决，不如不知道。不久前我看到一本书里写到先秦时期天子会把百姓召集起来，以他们亲人在阴间的荣辱来要求百姓为人做事。这在现代人看来似乎有些荒谬，但在当时确实起到了作用，没有让国家因为一些动荡陷入混乱。回到我们这个时代，很多人热衷传播自己知道的东西，完全不顾忌可能会产生更差的后果，社会中充满某种看起来聪明却又解决不了问题的言论。对此，你怎么看？

弋 舟 也许这正印证了世界本身就是一场像模像样的仪式。我们置身其间，"仪式化"地空转着像模像样的一切，假设无数的真理，赋予它意义，相信它，怀疑它，颠覆它……没有"它"，我们惴惴不安，有了"它"，我们惶惶不可终日。如今信息汹涌，人间的仪式更为沸腾，而我们的无力感也越来越深重。也许最终抹除我们的，并不是我们发明出来的技术，而是我们狂欢一般制造出的仪式的泡沫，一个热衷仪式化的物种，因为过于仪式化，在极致的仪式感中把自己给干掉了，于是，仪式达到了它戏剧性的高潮。贾平凹有句座右铭，"心系一处，守口如瓶"，我也常常以此自省，"守口如瓶"无外乎就是少说点儿话吧，可依然还是很难做到。少说话其实非常要紧，要知道，人间仪式的泡沫，基本是靠语言堆积的。

王苏辛 读你的小说，常能看到一些这样的"仪式"。"仪式"在我看来也是你小说中的诗意，这里说的"诗意"，是它里面的人物在努力缓解内心的苦痛，希望在灰暗的生活中走出一点信心。在这里，诗意可能是人得以自省与解脱的方式。比如《如在水底，如在空中》，两个经历家庭与情感变故的中年男子，打捞出记忆中的一点安慰——曾经一位女同学说，十八年后要寄给他们一封信，收件地址就是他们三人曾经一起旅行的地方。起初我也好奇，女同学到底会不会真的寄出这封信，看到"我来过了，沉下去了，伸出手了，现在，我'必须'走出来了"，看到暴躁的旅店老板"总是不停地变成和你认识的那个人不一样的人，他老要拉住你告诉你他是谁，可他究竟是谁也一直在变"，知道比希望成真更重要的，是人在面对希望的过程中，如何面对自身面目的改变。不管是这篇小说，还是《巴别尔没有离开天通苑》，你都在结尾处给了一点光，这似乎和你过往的写作不同，为什么会有这样的转变？

弋 舟 既然认领了人类"仪式"的本质，我们就努力从中谋求一个光明的站位吧。让自己站在亮处，换上干净的衣裳，不能衣冠似雪，至少也萧然自远，清洁朴素。我当然知道，污泥浊水也能被仪式化，可那不符合我在丁酉年里阶段性的盼望。我同意你将我小说中的"仪式"等同于"诗意"，就我理解，这也是在说"对更普遍的生活的忧虑"——我们明白大部分盼望都"如在水底，如在空中"，但我们依然去捕捉和打捞，这就是沉痛生活中的诗意，是"对更普遍的生活的忧虑"。它不是风花雪月，是弥足珍贵的英雄主义。巴别尔没有离开天通苑，作为一只猫，它还在苦熬，从中你可以得到继续苦熬下去的理由，从中你也可以得出总得让自己透口气的勇气，无论你如何无力，苦熬与苦斗皆是费力气的活儿，有时候，我们把力气用在熬上，有时候，就得把力气用在斗上。在消极与积极之间，现在我选择积极，于是你看到了，我在"结尾处给了一点光"。敬泽先生谓我"推石上山"，他当然其实是在说西西弗斯，在加缪的名篇中，我被这样的句子打动——但当他又一次看到这大地的面貌，重新领略流水、阳光的抚爱，重新触摸那火热的石头、宽阔的大海的时候，他就再也不愿回到阴森的地狱中去了。

王苏辛 有的作家在聊写作和写作时像两个人,但感觉你特别一致。刚才有的话,甚至出现在这部小说集中也不觉得突兀。你认为作家应该在谈创作和创作这两个状态中持有高度的一致性吗?通过社交网络,我曾经看到你在旅途中写作,《丁酉故事集》中有的小说,也是在旅途间隙中完成的吗?

弋 舟 那种在"谈创作"与"创作"中判若两人的家伙实在是太了不起了。你知道,大多数时候,他们说的一定会比写的高级许多。写作终究是建立在作家生命感之上的,我这么活,所以才这么说,于是才这么写,这个链条受制于我个体生命必然的局限,也受制于写作与生命之间基本的伦理。那些总能摇身一变的家伙,他们获得了无限,口若悬河地做帝王,捉襟见肘地做乞丐。这本集子的确有一些部分是在旅途中完成的,我觉得利弊参半,坐在候机厅里写小说,必然会轻盈,也必然会滞重,必然潦草也必然精确。

王苏辛 你的小说,没有那么多具体生活的现场感,更多是精神状态的变化和投射。小说质地很绵密,甚至叙事和论述在你的小说中也浑然成一种东西。我更愿意把它理解为，这是写给始终有着精神生活的那群读者。这似乎也和很多传统现实主义作家不一样，在我们目前的文学环境中，充满现场感和参与感的小说写作越来越被鼓励，高度概括性和凝练式的写作有时被认为过于现代派，不符合现实主义的传统。但之前跟你交流，你一直认为自己是现实主义作家，但我知道这个"现实"更像和某种现代派写作的经验融为一体，构成的一种新的"现实"。你如何看待自己的现实主义写作和通常意义上的现实主义写作的不同？

弋 舟 对于现实主义的理解，我已经全部兑现在了自己的写作中。显然，对那个"通常意义上的现实主义"，你是有所不满的，我想，令你不满的并非现实主义，而是"通常"。如果"通常"即反凝练、反概括，那么我们当然有理由对之不满。文学活动本身就是人类精神生活之一种，写给对于有这种生活需要的读者，难道不是天经地义的吗？如果"通常意义上的现实主义"已经成为传统，只能说明我们不幸身在一个糟糕的传统里。但就我的认识而言，事情可能没这么悲观。任何时候，大行其道的都是平庸的作品，我们无法想象一个时代有一百个曹雪芹在写

《红楼梦》,或者上百本刊物登载的都是《战争与和平》。平庸可能并不是被鼓励的结果,而是生而为人,我们不得不活在拥挤的平庸里。实际上,"不平庸"反而一直是被呼唤和鼓励着的,只是作为被鼓励的对象,我们大多是平庸之辈。这就不是现代主义和现实主义的纠葛了,现代主义也大量地制造着平庸,现实主义摆脱了"通常",同样会熠熠发光,作为现实主义发轫之时所否定的浪漫主义,同样也有不朽的篇章。而今天,那种假借现代主义之名的劣质写作,在我看来更加值得警惕,那种"通常的现实主义"至少还有股令人喜欢的、原始的诚恳与颟顸,而"伪现代主义"的哗众取宠,更具欺骗性,更容易沦为掩饰无能的遮羞布。让我们重温一下卢卡契的语录:"艺术的任务是对现实整体进行忠实和真实的描写。"——你瞧,作为现实主义最忠诚的信仰者和最后的辩护师,卢卡契难道不是在说"对更普遍的生活的忧虑"吗?在我看来,"更普遍"就是在说"整体","生活"就是在说"现实","忧虑"就是在说"批判",而"批判"的道德基于"忠实"与"真实",合起来,"对更普遍的生活的忧虑"就是我所理解的"批判现实主义"。

王苏辛 是的,平庸并非取决于一个文学态度,决定作品的仍是其洞见与广度。这部小说集中,《缓刑》更像截取一个生活片段,将目光对准一个小女孩,她说着大人的话,并始终冷眼旁观,甚至与一个中年男子有了某种精神上的关联。这种关联也让这篇小说充满艺术感。《巴别尔没有离开天通苑》也是如此,一次看起来仓促的短暂逃跑,其实也是"我"一次蓄谋已久的逃离。我不禁想起很久之前看到的一则新闻——某中年男子突然失踪,在外地隐姓埋名生活多年,而原因居然只是厌倦了乏味的家庭生活,希望能把人生刷新,重新开始。和这两篇小说中非常态的日常一样,这听起来很戏剧性,却也是我们时代的某种现实。我想起幼年时,发现家所在的那条街上很多房子被涂满了"拆"字,却又久久没被拆掉。而自己身处"拆"字中,常常感到焦虑。很多年后我知道,是因为当时自己隐约察觉到"不能置放的自我"。对我来说,这也是你的小说主题之一。你会有这样的感觉吗?在与自己笔下的人物同呼吸共命运时,他们是否完成了你在现实中不能完成的自我的置放?

弋 舟 我们永远在文学中谈论着"我",同时,也永远追求在"我"中抵达"洞见与广度",这恰恰构成了这件事情的两极,其间的张力,置放着文学。所谓平庸,大约就是顾此失彼,甚至罔顾此彼,要么只在"我"的鸡零狗碎中,要么只在"洞见与广度"的假大空里。《缓刑》中的女孩,是独一的那个女孩,她穿行在候机楼中,将要遭遇不幸;她也是所有的女孩,穿行在阳光下、田野里,她们同样脆弱易折。《巴别尔没有离开天通苑》中的"我",是那个居住在一百七十多平方米房子里的"我",也是所有流离失所的"我",他们同样地都需要有一个宁静的港湾在彼岸等待着自己。日常感与戏剧性从来未曾彼此割裂,它们整合在人类那个仪式化中。你看到的那则新闻,大约二百年前,一个叫威尔菲尔德的英国男人就这么干过,这家伙在10月的一个黄昏告别了妻子,也是想要刷新自己的人生。他干得更狠更彻底,干脆就在家的附近潜伏了下来,用了二十年的时光偷窥着妻子的日常……没错,这是霍桑所写下的名篇,而霍桑在小说的开头也是这么交代的:在某份杂志或报纸上,我搜寻到这个故事,据说是真的。你瞧,"据说是真的"这件事,本来由花边新闻来记录就足够了,可霍桑还是将它写成了小说。我想,霍桑之所以非要这么干，也许正是如你一样，他也常常焦虑，常常隐约觉察到"不能置放的自我"。于是，霍桑在威尔菲尔德和人性普遍的幽暗之间置放自己，在日常感与戏剧性中置放自己，在仪式化中置放自己。他一定和自己笔下的威尔菲尔德先生同呼吸共命运，霍桑如同威尔菲尔德先生一样，我们也一定能够看到这一幕——"在伦敦街头的人群中，我们认出了一位先生，他已经渐入老年，没有什么特征还能吸引漫不经心的旁观者。然而，他浑身上下还是看得出命运留下的非凡笔迹，得有点阅历的人才能读懂。"因为我们是小说家，是"有点阅历的人"，还因为，我们有着"对更普遍的生活的忧虑"。

王苏辛 有人说，一个不断写作的人，写下的不仅是自己的作品，还有自己的命运。很高兴在《丁酉故事集》中看到你如何书写"对更普遍的生活的忧虑"。希望这部《丁酉故事集》能继续安慰它的读者。

弋 舟 谢谢苏辛专业的工作，或者我们还将在《戊戌故事集》里重逢。

《作家》2018年第6期

毕飞宇
与程青对话

自我省察和眺望时代

程 青 你的三个中篇《等深》《而黑夜已至》和《所有路的尽头》的主人公用了同一个名字——刘晓东，从标题看这三篇小说似乎就构成了某种完整性，一看就是有备而来。2014年你结集出版时直接用了《刘晓东》作为书名，这可以看作是你的代表作吧？你是在什么样的心境下写这些小说的？

弋 舟 一个作家能够被人记住的作品，大约也就算得上是"代表作"了吧。三部中篇同一个主人公，显而易见，这是"计划"的产物，结集时以"刘晓东"来命名，大致表达出了我创作时的企图，那就是要写"人"，写时代中的"人"。这种命名集子的方式不那么讨巧，一个中国男人司空见惯的名字，当时几乎遭到了所有人的反对，朋友们和出版方都有异议，但我顽固不化了一次。

我们对世界的想象和体认，最终都要回到对于"人"的塑造上。写作"刘晓东"这个系列，正是基于这样的冲动，这个名字的普通和平凡，多少兑现了我想要写出某种普遍性的愿望吧,他泯与众人,却成了你我。聚焦于"人",感同身受的写作心境会尤为突出,这本集子里的主人公,有着一个鲜明的精神特质,就是自罪,自我反思,自我审判,不粗暴地将诸多疑难杂症推诿于时代,而是自觉地推己及人,先从个体做出自我拯救的努力。或许与我自身的精神状况也有些关系,当时心里充满了自我否定,通过写作,我也的确得到了内心的治愈,觉得内心某些隐秘的东西得到了部分的清算,身心于是获得了相对的安宁。从中我真的找到了一种让自己平静下来的方法,发现原来找自己的问题远远要比找世界的问题更能安妥自己。

程　青　"刘晓东"带着鲜明的标签:中年男人,知识分子,教授,画家,自我诊断的抑郁症患者。这个主人公身上带着浓厚的当下性,你塑造这样一个人物是否带有某种自传性?其中是否包含了对流逝青春的惋惜和祭奠,或者干脆说是带着自我审判的意味?

弋　舟　别人以此来猜度我,也不能算太离谱。首先,这类人物是我相对熟悉的那部分人,更何况,有一句现成的说辞:"所有的创作,都有着自传的意味。"每个人大约都会有着相似的情感冲动，追念青春，祭奠逝去的年华，但文学一定不会仅仅限于清浅的喟叹，它要在追念与祭奠之中达成沉思与反省，哪儿错了，哪儿对了，为什么错了，如何才能正确，即便不能够找到一个确凿的答案，也要表达出文学性的深刻的困惑。

刘晓东这个人物身上所披挂的那些社会性属性，在我看来，恰恰是指向应当自我省察的那部分人。自省也许是任何人都应当具备的美德，但我在这里宁愿将之特定为这个人群的"义务"，所以，它被称为"自我审判"也是成立的，这群人，是得对自己严厉一些。

程　青　你写了不少关于成长的小说，为什么选择这样的主题？有没有受到哪位作家的启发和影响？

弋　舟　成长的过程是时间的踪迹，而对于时间的敏感，在我看来算是一个好作家根本的能力。如果要我细数启发过我的作家和作品，我会发现，原来都能以"时间"的名义确立——《麦田里的守望者》是不折不扣的成长小说，它写成长，写时间，《红楼梦》何尝不是呢，同样是写成长与时间，甚至《西游记》也可作如是观，一只猴子的成长史。当代作家中的余华写过《在细雨中呼喊》，一部典型的成长小说,这部作品就刺激过我的文学冲动。我有一个偏见:一个好的作家应该有着过不完的青春期,个个如老吏断狱,也挺可怕的。

程　青　你的小说中喜欢用"憔悴""踟蹰""徘徊""蹉跎"这些词,当然还不仅仅是词汇,你摹写的是一种人物的生活和精神状态,你是如何从个人经历和思考中提炼写作资源的?

弋　舟　写小说即写语言,这话也是教科书中的金科玉律了。千百年来,中国人那些复杂难言的个体经验,那些一咏三叹的生命感悟,就是被这些美好的词准确而具有审美意味地附丽。它们概括了中国人的精神生活,也成为民族精神世界内在的况味与密码。这些词大多不是斩钉截铁的,它们有犹疑感,有不确定性,却饱含着中国式的分寸与体面,这些都非常符合我对小说这门艺术的理解,它们惆怅,但哀而不伤,有智性之美。当我从个人经历和思考中提炼写作资源时,正是在我们伟大的词库中"找词儿"的过程,我得找到那些准确的词,这样的时刻,我就是身在那种借由语言赓续的伟大而神秘的传统里,也是在落实一个小说家规定的工作方法。

我对音韵有着特殊的敏感，常常借由一个词的读音便生出写作的冲动。最近的一个例子是，前年我在武威街头看到了一座雕塑，塑造成钱币的形状，被称为"凉造新泉"，那其实是当地出土的古钱币的名称，但"凉造新泉"这四个字却在一瞬间打动了我，一个新的短篇小说的构思也由此产生。

程　青　你的小说写男女情感有着不一般的创痛，"我在求生，你在游戏"，写出了时代和社会的多元化带来的各种不确定性，有人称之为"时代气质之下的个体忧伤"，你是要以此写出某种普世的况味吗？

弋　舟　没有任何个体的悲欢可以逃脱时代给出的基本限定，"普世的况味"，既是文学作品产生共鸣的条件，也是衡量文学作品品格的前提，但遗憾的是，对于这样的常识，我们竟常常地枉顾。写作者的确存在这样的风险，过度地沉浸在某种不能被人理解的自我之中，拧巴，封闭，沾沾自喜或者自怨自艾，在自说自话中完成自我的神化。但我们又不能以此忽略时代之下个体的精神吁求，所谓见微知著，正是文学的要求。

如何将个体与时代形成映照，这挺考验一个作家的能力。我有一部分作品,在命名上就做出过努力,譬如《我们的底牌》《我们的踟蹰》《所有路的尽头》。这些篇名以"我们"和"所有"的名义书写一个个具体的人,至少是在给自己一个暗示:你写下的张三和李四就身在你所在的这个时代里,他们是与你休戚与共的,是与你共同构成那个"我们"中的一个。

我觉得男女的情感方式,是能够折射出每个时代的不同气质的,今天我们已经不会像汉代人一样谈恋爱了,与革命时期的爱情肯定也不相同,那种对于爱情的基本相信与持守,可能也在动摇,但人类对于爱情的盼望,对于那种爱情理想本身的向往仍未消减,于是在恒久的盼望与追求理想的落差与张力之间,涌出了苦恼的源泉。这种创痛性感受,基于人性,又与时代息息相关,如果我们没有更大的感知力,可能终究都不会弄明白自己的那点儿难过和伤心是因何而来,你爱着的人为什么不爱你了,你和你不爱的人为什么还是要在一起,这里面有家长里短、油盐酱醋,其实也有时代的内在律动。

程 青 你如何看待"生命本身的事"和"小说本身的事"?

弋　舟　不是被问到,这两件事可能真的不会被我专门去放在一起想。就我的理解,"生命本身的事"更加具有规律性吧,它几乎是不以人的意志为转移的,而"小说本身的事",也许多多少少被赋予了些微的自由意志。之所以不会将这两件事专门放在一起想,显然,是因为我可能常常将这两件事自觉或者不自觉地混淆起来。我得提醒自己:"小说本身的事",是不能够替代"生命本身的事"的,生而为人,你是不能够仅仅依赖写小说去获得更为宽阔的生命感的,生命的练达与洞明,还有赖更为复杂的生活本身。

程　青　看见评论文章里说"弋舟的小说把锐利的思想埋藏得很深",你如何看待小说的思想性?你在小说中最想表达的是什么?

弋　舟　当思想性介入小说,这门艺术才有了其不可替代的荣誉。我其实很难讲清楚自己究竟想要在小说里"最想"表达什么,如果非要有一个答案,那么我想,我想表达的终究还是人永恒的困惑,生命永恒的困惑。这种困惑首先是基于我自己的感受吧,当一个又一个小说的世界被塑造出来,我才会从中看到自己的局限以及偏见,当我努力想要最大化地理解自己笔下的人物时，我才发现自我的专断是多么地不可避免。

程　青　你随笔中反复提到了"小说之美"，你如何看待和追求"小说之美"？

弋　舟　小说家很难"说一不二"，因为"说一不二"差不多就是小说之美的反面，他们对世界充满了好奇，多少都有些犹豫，当他们对铁律一般的世界做出犹豫的描述时，就是在兑现"小说之美"。丰富人类的生命经验，为那些能感到却说不出的灵魂代言，这大约就是我所能理解并且意欲追求的小说之美。

程　青　通过写作你发现和找到了什么？你自认为你的小说比别人多出来的是什么？

弋　舟　可能通过写作我发现了生命之中那些混沌与商兑未宁的情感，让我知道了理解他人的重要，以及理解他人会有多难，知道了理解自己原来并不比理解他人更简单方便，这无疑扩张了自我有限的生命。但相较于生命本身的浩瀚，我岂敢盘点自己"比别人多出来"了点儿什么，倒不如说，写作这件事在源源不断地令我感到匮乏，感到"比别人少出来"了点儿什么。这不是矫情，写作时常令我羞愧。

程　青　你专业学的是美术，是什么促使你放下画笔专注于小说创作？最初的写作从什么时候开始？

弋　舟　如今我越来越难以十拿九稳地回答这样的问题。就我的经验，个人生命的轨迹，实在是难以给出某种"自我决断"的路线图，就是说，那不是"选"出来的，更像是"被选出来"的结果。究竟是什么促使了我们成为今天的我们呢？好吧，这是命运的选择。

如果将写作这件事以"个人书写史"的自大追根究底，那几乎可以追溯到童年了，我在小学时获得过市里作文比赛的奖项，这可能给了我某种能力的暗示；大约在十三岁的时候，向《收获》投过稿，这个经历在《收获》六十年的庆典上我还坦白过，坦白之时，竟也略感唏嘘。若以"严格意义上的写作"计，这些都是不能作数的。

在将近而立之年我才投入严格意义上的写作，彼时一个重大的事实是千禧年即将来到。这完全是一个"时间"的事实，于是有一个现成的答案就出现了：是时间，是天性里对于时间的敏感，敦促我写起了小说。而将一件事情的缘起交由时间之因，这本身就像是在诉说命运吧。

程　青　你出生和成长于西安，但却不能把你归为西部作家，你写的也不是通常意义上的西部文学，地域这个对于许多作家都难以忽略或者说逾越的概念对你似乎没有多少影响，你是如何突破这个"乡土逻辑"的？

弋　舟　如实说，这里压根不存在"突破"，我只是囿于自己的局限。我的祖籍在江苏，父亲一辈才来到西北，举目无亲，这导致我完全没有乡土与故园的经验，自然也无有"乡土逻辑"。我尊重那些具有自己特殊经验并且有能力充分表达出来的同行，我也尊重自己的"局限"，恰是这样的"局限"，才丰富着我们文学的边界，一个生长于西部的作家，不再能够被西部文学简单地框定，这已经是在彰显着文学版图难以被物理化丈量的无限性。

程　青　你写的几乎都是城市经验，你是如何看待城市文学的？

弋　舟　这首先也是基于我自身的经验所限，我没有在乡村生活过的经历。如今城市的兴起，之于我们这个国家已是不争的事实，那么城市文学的兴起，也当是题中应有之义。范本当然是有的,世界范围内这样的文学经验已经是一笔巨大的财富,但简单地移植与套用,风险巨大,或者于今已不敷用。我们还是要回到我们的感受中来,回到我们的"特殊性"之中。

我跟朋友聊天说,我们的一部分作品若将主人公的名字换成杰克或者露丝,竟然也不违和,完全就是一篇西方小说。这里面尽管有夸张和戏谑的成分,但触及的问题却不容忽视。显然,我们是无法将林黛玉置换成露丝的,也无法将安娜·卡列尼娜置换成刘梅花,任何文明中杰出的文学表达,都是要忠于自己文明的根本特质的,不如此,不足以表达那种"专属于己"的生命感受。

现代性的历程对于我们远未完成,作为一个中国人,面对现代意义上的"城市",真的是经验匮乏,一切刚刚展开,所谓数千年未遇之大变局,一定不仅仅是指城乡物理性的逆转,如何给出我们的叙述方案,如何准确地书写出中国人的城市心情,这里面有太多太大的思想命题、文明命题、情感命题考验着我们。

程 青 你的写作和所处的时代保持着有温度的关系,那么,你怎么看待文学和互联网时代的关系?

弋 舟 互联网是这个时代最大的现实之一，它所能带来的巨大冲击也许仍未完全显现。相较于它对文学创作、文学传播所造成的技术性改变，我更关心它终究是否会对人性的某些基本面构成挑战。随着技术的跃迁，至少，我们已经感知到了人性的某种变化，比如时间感与从前的异同，互联网让一切都在加速，变得飞快了，那么，在相当程度上依附于时间感的人类情感将会怎样呢？以爱情为例，古典爱情那种"缓慢即永恒"的准则，可能已经遭到考验，当艰难因为速度而变得轻易，人的世界观、价值观也许都要重新定义。但文学应对技术巨变也不是第一次了，我所能理解并且忠于的那个"文学"，从先民的劳动号子到刻在了龟背兽骨上，刻在了竹简上，印在了纸张上，敲在了屏幕上，它也一路这么过来了。

程 青 请谈谈对你影响比较大的作家和作品。

弋 舟 那是一条漫长的谱系，我实在难以只认《红楼梦》而不追溯《诗经》，只认曹雪芹而无视卡夫卡。但一个人的阅读脉络还是有迹可循的。我的父母都是学中文的，从小家里就不缺书，并且以古代汉语方面的书籍居多，小学阶段我囫囵吞枣地读了《史记》，在母亲的威逼利诱下背诵

《唐诗三百首》，这些可能都在潜移默化中形成了影响，司马迁和李白，当然可能已经对我起到了教化作用。

由于住在大学校园，图书馆的存在给我带来很大的阅读便利，少年时期开始自发地阅读，我的兴趣就转移到了西方现代小说上，马尔克斯和大仲马带给人的震撼是不同的，值得庆幸的是，我在那时就学会了区别他们的不同，并且对于他们带给我的震撼同样怀有幸福感。

还要说到的是我对当代文学期刊的阅读，这也要拜图书馆所赐，我对小说这门艺术萌生出操练之心，完全要归功于对文学期刊的阅读。很奇怪，少年时期的我捧着一本书时的心情总是近乎"瞻仰"，而捧着一本刊物，竟能生出跃跃欲试的蠢动。我永远会记得在《收获》上读到莫言、余华时的激动，于是你看，我在十三岁时就在作业本上写"小说"寄给了《收获》。

程　青　你寻找和追求的小说的"来路"与"归途"是什么？

弋　舟　那也许就是人的来路与归途。我们是谁，我们从哪儿来，我们到哪儿去，困境是如何克服的，幸福是怎么达成的。

程　青　你的短篇小说《出警》刚刚获得了第七届鲁迅文学奖,谈谈你获奖的感受。

弋　舟　获奖消息传来的当天,我正在给母亲扫墓,这无论如何对我个人都是一个有意义的时刻。我的母亲一生怀有写作的梦想,尽管没有明确表示出要将我培养成一个作家,但自己的儿子写出了被人认可的文学作品,一定符合她的美好憧憬。获奖在这个意义上就几近"私事"了,算是我对于母亲养育的一个报偿,更多的,我也愿意在这个意义上鼓励自己,写作的路那么长,怀有一些切己的"私意",自己可能就会更有韧性一些了吧。

程　青　作为一个风华正茂的写作者,你的文学理想是什么?

弋　舟　"风华正茂"是一个多么美好的词,我愿意将这个词想象为一种美好的人格,它不仅仅攸关年岁与体魄,它更是良善的精神面貌。如果我真的有幸还具备如此的面貌,我想,落脚在文学上,我愿意让其向着真善美哪怕是靠近微弱的一小步。

《瞭望·新闻周刊》2020年第34期

与贺嘉钰对话

等光来

弋 舟 嘉钰好,先跟你对下表,你那里现在的时间是多少?

贺嘉钰 我正在你过去的时间里。现在早晨10点,太阳不高,因为在疫情中,世界显得安静。

昨天又读了一遍《庚子故事集》。《掩面时分》里有一个小细节——姜来在"我"看来"之于北京",终于"在也属于"北京。这是一个有意思的角度,在一个地方却常常并不属于那里,似乎是现代人常有的体验。去年秋天来到纽约,因访学只一年,生活如沙漏一般进入了"倒计时"模式,但疫情突然爆发,这种时间感一下子又拨回了正向,因为我们确乎在等待"好"的到来。

在北京生活了十一年,我从未觉得自己属于它,现在身在纽约,更不属于了。"属于"的条件到底包含着什么?和一个地方相比,人也许更属于他/她自己的时间吧。我们不妨就从时间聊起。特别是在这么一正一反的拨转后,"这一刻"的意义不断显现。我一直认为你在小说中处理时间有种"凝固瞬间"的能力，那种在小说里感受时间的特别方式此时对位在现实中了，是什么让你觉得瞬间值得耽溺呢？

弋　舟　我们不属于空间，我们属于时间。你看，当我们没有一个确凿的体验时，我们也已经眺望了它的某种可能性，但这种可能性，一旦奇迹般地兑现成庞然的现实，一方面，我们会为自己的某种"前瞻性"而窃喜，另一方面，我们又会空前地感到沮丧——原来，那未曾兑现的时光一旦来临，它的不由分说，立刻会让我们的沾沾自喜现出拙劣与肤浅。就是说，原来我们自以为是的某些优势，其实是经不起检验的。这种深刻的否定，就我的认知，只能来自那一个个由瞬间构成的时间。时间赞美了多少，她就唾弃了多少。对于那个无有始终的时间的臣服，差强人意，就是我对于文学的有限理解。于是，这本庚子年的集子，我努力"随波逐流"，譬如，她破天荒的，有了一个前言，那个前言，以"钟声响起"为名，完全是"现在进行时"当中的情绪。这种"随波逐流"的顺服，达到了一个地步，那就是，因为我无力去做一个无有始终的想象，于是，我只能在一个又一个"凝固瞬间"中，去表达我的盼望。

贺嘉钰 作为读者,我以为那些在瞬间上的盘亘使小说有了"致幻"的质地,体验时间的方式被重新定义,那些在小说里被取消的线性流淌,将从四面八方打开我们的感官。

有点心有戚戚于你在这里说到"随波逐流",这也正是我从《丙申故事集》《丁酉故事集》到《庚子故事集》一路读来,现在的感受。在干支纪年的限定下,三本书已经形成了她们自己的"小秩序",而这个来自时间秩序的命名方式在此刻更显况味。也就是说,你不得不看见此刻正在发生的一切。

"困境"是我打开前两部集子时都选择停靠的一个词,如果说《丙申故事集》讲述人如何穿越困境,那么《丁酉故事集》便是人如何与他们的困境相持。可是这一次,一切更加具体了,当困境兑现为庞大的、人类需要共同面对的现实时,我看见一个作家,不期于提供"解决方案",他呈现那些小周遭对人类个体的逼视,在这样一种反向的目光里,文学的能与不能、为与不为是紧贴着现实的。因为这样的时刻,人正在和具体的自然与命运打交道。那么,在接近灾难的时候,你会给自己找一个怎样的位置?

弋　舟　是啊——文学的能与不能、为与不为是紧贴着现实的。有多久了,我们在创作中忘记了"和具体的自然与命运打交道"?此刻我们有多无能,我们的写作就有多无能。如果真的可以做到认领这样的限定,那么现在,我们将自己的无能袒露出来,也许就是一个自我打捞的方案。喏,我撑不住了,被人羞辱或者羞辱了他人,我们撑得住,粉饰了世界或者被世界粉饰,我们也撑住了,可突然有一天,会有你压根无从想象并难以直视的羞辱与粉饰降临,你将撑不住。而此刻,那个理论上的"有一天",居然真的不只是一个理论了。

你可以当一切都没有发生吗?你只能写下这样的句子——"形势依然严峻……"《掩面时分》就是这样开了头。她当然充满了漏洞和风险,可是,一篇小说需要躲避的漏洞与风险,在这"有一天"的面前,多么微不足道。你把你的无能交出来,放弃既往对于指摘和误解保持警惕的那种机灵劲儿,反而,会觉得自己受到了某种庇护。你逞不了强了。至少,我的感受是这样的。无能,诚实,就是我现在能给自己找到的位置。

你从这一系列的故事集梳理出的脉络,我完全认可。从如何穿越困境,到人如何与他的困境相持,直至更加具体了的"这一次"。

贺嘉钰 这种无力与匮乏感在前两个月尤为严重,甚至让我开始怀疑长久以来所珍爱的事。文学能拯救我们吗?似乎不能。可是还想问,文学在什么意义上能使我们得救?从来没有这样迫切地希望自己能够回答,或是有人告诉我答案。现在似乎有一个差强人意的回答,那就是,文学不负责应对外部世界,她能到达的地方实在有限,她只到达你,她只负责为自我如何与自我相处提供一个参照。文学处理外部世界,但是到了你这里,便只与你有关。

让我们回到文本。《核桃树下金银花》是你的短篇中为数不多的让我感到了温情的小说,虽然有一个大灾难的底色,但一对"体量庞大"的少男少女在一个短暂相逢里完成了一次非常轻逸的抒情。小说里面有一句话:"她给我指认了此生的第一棵树木,启发我对原野展开想象。"我们知道,"这棵树"后来在地震中倒下了,但那个"少年快递员风驰电掣地开着一辆电动三轮车,向着他永远的翻版与镜像,向着一个胖天使,一头冲进漫天遍野的壮观的花海里"。小说在这里飞了起来,是的,人可以被一个模糊而遥远的指望所激励,深情地活着,可一旦这个指望被抽取了呢,以后的生命他将如何和自己相处?小说虽然不说,可我感到某种安慰,因为它洋溢着明亮的调子。从灾难里稀释出"明亮"不是铤而走险,那要克服更大的阻力。

弋 舟 我想,那个解决之道或者朴素极了。你已经指认了,文学"她能到达的地方实在有限"。这个常识我们枉顾太久,惩罚终将到来,于是此刻我们才会如此无力,从未像今天这般深重地质疑文学的价值与意义。文学一直在那儿,今天之前与今天之后,她还是她,是我们曾经过度借由夸大她来夸大了我们自己,所以才有水落石出的今天。文学不是个魔术师的把戏,我们借由她抖机灵太久,早忘了诚恳的本意。就像"隐喻"这个词,若非事到临头,我们哪里会检讨自己多么轻浮和泛滥地使用过它。现在,我们还好意思带着股傲慢劲儿说"这场人类的灾难是一场宏大的隐喻"吗?当然,它当然是,但我们开始羞于启齿。

《核桃树下金银花》也是我喜欢的小说,至少,她在你眼里被看为了"温暖",至少,我愿意在小说里认领人的义务,愿意重新回到对于一棵树的学习中去,这样,她就

"只到达了我","负责为自我如何与自我相处提供一个参照"。当我靠着文学变魔术的时候,这些都远离着我。

贺嘉钰 这个"重新回到对于一棵树的学习中去"的说法就让我感到温暖。作家写作,不就是重新命名世界万物吗?最近看到一些作家、学者、艺术家在疫情中的生活记录,印象格外深的一篇是阿莫多瓦的隔离日记,他提到一部纪录片,是维克多·艾里斯的《榅桲树阳光》,记录的是画家安东尼奥·洛佩斯的日常工作,再具体一点,讲的是画家如何从秋天开始,画他花园中一株瘦弱的榅桲树。阿莫多瓦的表达具体又迷人,他是这样解读的:"关于自然光照射在构成我们整个世界的物体上成就的奇迹。一年中不同季节交替下的光,进入黑夜的漫长旅程中的光。……这部电影讲述这个艺术家与榅桲树上的自然光相对,他将其看作斗争,一场注定会失败的战役。"影片里安东尼奥·洛佩斯就近尘世的方式让人感动,你会看到艺术家对大自然、对万物中具体的微小之物深深的疼惜。他要画阳光照在果子上的样子,便用漫长的时间等待光,光来了,只停留那么一小会儿,他常常还没抓住那个瞬间,光就离开了,有时候,暴雨还会说来就来,他得急忙叫上工人一起给这株瘦弱的小树搭起帐篷。片子里有一种日常所怀有的光泽，它微茫又高贵。你是不是也有着类似于"等光来"的时候？

弋 舟 是的，"等光来"。更多的时候，那种十拿九稳的把握感，按部就班的规划性，却是让我们处在一种"创造光"的谵妄中。我们既无耐心，又无定力，也许更为匮乏的，还是我们领受光照的资格。

你知道，按照前两本故事集的体例，我们这个对话是要作为代后记收在集子里的，实际情况却是，现在我还有一篇尚未动笔，甚至写什么，也压根没有眉目。就是说，原本带有"收尾"性质的这个对话，提前了，像是句号当作了逗号在用，也像是尚未竣工的房子，提前"模拟"了验收。这是时间的错位与倒流，甚至还有宰割与假造时间的嫌疑，但我想试试，觉得可能也有特殊的光斑，至少，见证了这个非常时期我们某种复杂的个人经验，它事关写作的无力、个人的挣扎，以及流动着的不确定性与可能性，当然，更是事关我们对于时间的重新想象。现在，我期待的是，当我们结束这个对话后，我艰难地开始书写，那最后一篇尚未动笔的小说，将会是怎样的一个面貌，就如同那间经过验收之后其实还有待完工的房子,家具、壁纸、小摆设,都已提前入场,它将如何完成最后那道亏欠着的工序?这个过程,我觉得,就是在"等光来"。

贺嘉钰　我所理解的好的短篇小说,她既拥有强大的还原真实的能力,又能够领着我们向远方远远地跨出一大步,然后,我们得以在对岸回望生活的质感和光泽。"核桃树下金银花"这个名字带着一种"莫名其妙"的诗意,无论如何,我一开始想不到她会与汶川大地震有关。这个短篇里,男孩女孩现实的交集只有一个下午,但这丝毫不妨碍他们成为精神上的同盟。如果说这一小段交集里有隐约的爱意,也都是出自"我"的想象,小说几乎是在记忆的重述中将灾难叙事与日常叙事推到了一个非常妥帖的停泊处。你在小说里做了一个判断,但我隐约不觉得那只是为了推进叙事。"做一个快递员,我压根不需要被教育,它就是我生而为人的本能。""快递员"的隐喻是什么?偏狭地理解,是让"物"借由他,穿过时间和距离而抵达。你为什么会下一个这样偏僻又果决的关于"快递员"的判断呢?

弋　舟　"快递员"是一切人间职业的代言人,这世上所有的职业,或许都是"物"与世界意志之间的传递手,而职业的背后,则是在兑现着"劳作是人的本意"这样一个根本性的生命美德。

我们被分派到了人间,肯定不是来坐吃山空的,那种想象太不知深浅,不知道从哪儿得来的特权和优越感,遗憾的是,大多数时候我们都把自己想象成了得意扬扬的不劳而获者。这首先是我基于对自己的批驳,我想,如果你是一个失败的胖子,你只熟悉核桃与金银花,你驮着人家的快递包裹,你还能不能获得生命的荣誉?然后,小说写出来了,我觉得,笔下的人物赢得了他们的光荣。甚而,在这种属人的荣光中,人才有可能具有尊严地承受起了灾难。

我们说过无数遍的"诗意",我想,这就是我如今所能理解的诗意。她当然是"莫名其妙"的,因为诗意从来就是"顺理成章"的反面。

贺嘉钰 我想这也是为什么我越来越警惕"舒适"和"光滑"的阅读。那些不对你构成挑战、障碍甚至冒犯的文本不足以调动你对它的反馈。当我们希望在与文字的遭遇中感受到摩擦与阻力,文学似乎就有了真正地链接到生活的可能。

我们对艺术的理解往往针对的是艺术的完成时态。就是说，我们习惯将艺术作为一个结果去对待，但艺术作品对她的创造者而言，首先意味着一连串具体的劳作，时间上的付出，情感上的挣扎、徘徊、失落或者安慰。也许是和正在做的博士论文有关，我越来越想看到艺术的发生过程，她的发生条件，如何被创造，如何运作以及她的主体是如何行动的。让我们把目光转到《庚子故事集》的写作中，写作这件事在这几个月里，发生了什么变化吗？

弋　舟　没错，当我们在谈论自己的有限、谈论无力的滋味时，就是坦白着自己原本的"不光滑"和"不舒适"。无时无刻不在与世界的摩擦之中，这是我们确凿的生命经验，那么，干吗老要装得手到擒来、身段高明？链接生活的文学，常常被我们有意无意地链接到了"文学史"，这当然很正当并且重要，可是光荣的文学史被我们用自己的创作野蛮链接，不过是企图用前辈的光荣来佐证自己的光荣。我们必须认清，当前辈们奉上那个漂亮的结果时，必定历经了他们的"一连串具体的劳作"，我们焉能直接省却了苦熬，只是手捧果实说：你瞧，我弄出的果子也是在那个名优品种的序列里。回到自己的艰难里，每一次创造都没有现成的便道，饱受自己对自己的怀疑，不断气馁，这个过程，也许的确比结果重要得多。

《庚子故事集》的特殊性已经毋庸多说，此刻，我们活得有多难，我写得就有多难。

每一个人都经历着自己的难度，我想要如实写下来这属于我的难度，无论它显得多么不漂亮，多么漏洞百出。当我开始观察自己这整个的过程时，真的宛如看到了一个拙劣而焦躁的猴子，坐卧不宁，又不知所云，拍着并不存在的胸肌，一边给自己打着气，一边又在泄着气。可这个宝贵的自我观察，又成为一个自我的搀扶。因为，我终于看到了我。

贺嘉钰　谢谢你的诚恳。如果说我们习惯了在"手艺"的语境里谈论小说的技艺和光泽，那《庚子故事集》可能就是在既定的轨道里遭遇了一次现实的搬岔道。我记得《鼠辈》是去年12月初完成的，昨天再看，被里面一句着实吓着了，"北京发现了两例鼠疫感染者！"我们不会从这个感叹号里预知世界在几个月中的改变，但"鼠辈"作为一个有些炎凉味道的比附，好像比任何时候都接近着现代人以及所有物种中人类生存处境的真实写照。这让我感到一种"风格的时差",从你在长篇《跛足之年》《蝌蚪》里书写的那种凛冽又无措、一发不可收拾的人生,以及上百部中短篇的营造,到现在,你的写作好像越来越不狠了?

弋　舟　诚恳其实是一个无能者对于自己的解放。从前的写作,如果有"狠"的面向,那也可能是对自己不够狠,惯着自己,觉得自己是那么回事儿,于是在小说里任性,屠戮世界;而现在,好像的确是拧过来了,开始对自己发狠,看出自己诸多的限度,于是反而写作越来越"狠"不起来了。我也很难确定这是否正确,但至少我遵从自己真实的认知。

《鼠辈》写于去年的12月份,是"前庚子"作品,按例,它应当是收在《己亥故事集》中的,但是你也知道了,那个计划中的《己亥故事集》泡汤了,不仅《己亥故事集》泡汤了,之前的《戊戌故事集》也泡汤了,并且它们是永远泡汤了,因为它们妄图借着时间的名义,而时间才不给你网开一面。我又一次败在了自己的懒惰以及无能里。时间的无情正在于此,它会将你所有的信誓旦旦检验出真伪。

接着,如此非凡的庚子年降临了。这是我的本命年。我渴望给自己一个礼物或者见证,无关宏旨,仅仅是自己生命中的一个小仪式。于是,我决定要在当年出版这本小说集,理由看起来也说得过去——出版在庚子年,便也可以称为《庚子故事集》了吧。显然,这又是一个提前将逗号当句号用了的"事故",集子出版的时候,庚子年大致只过了一半,那么剩下的时间余额,我将怎么跟自己交代?我将如何命名自己下半年的写作?对此,我现在同样抱有好奇,那就是,等光来,将那没有到来的,老老实实交给时间来光照吧。看上去,似乎是我人为地扭曲了时间,指鹿为马,炮制着自己的时间说辞,但是我知道,我没那么神气,毋宁说,在这一年里,时间不以人的意志为转移,走出了它自己空前的刻度。就像《鼠辈》中的心情,乃至她仿佛寓言一般的细节,这些,都是时间自己的奥秘。

当一切尚未来临,我们也在说写作的艰难,也在说鼠辈的卑微,但现在,我们都知道了,原来艰难与卑微的语义,已经在我们心中的词典里发生了怎样的质变。什么是文学的"写照"?大约现在我们也有了别样的理解。

贺嘉钰 那么借用你的修辞,"事故"也正是"故事"

的开始方式。我们看到，你在这个"小秩序"里专意的依然是现代人类都市生活里的有限与无限。很多次，我在阅读的尾声感到一种婉转的超越，他们走向个人境遇里的一个绝境，可真正抵达后反而有一种开朗和自在。读小说时，我有个毛病，尤其喜欢往一些小地方钻，特别是一些看似作者无意的走笔，我相信那里面有"之所以为之"的天然合法性。《掩面时分》里，就有这样一个似乎毫不影响整个小说走向的细节——你两次提到了"我"的"后父"。第一次是："我那时最大的目标是将自己从北京发射出去，无论是哪儿，安徽也行，火星当然最好。我有一个后父，麻烦到像所有麻烦的后父一样。"第二次是在快结尾的地方："目送着姜来离开，我并不急着回去。她回去是面对一个不足周岁的女婴，我回去，是面对漫天飞舞的口罩外加一个麻烦的后父。"为什么会有"后父"这样一个略显突兀的设置？我试着解读一下，他的存在内在地预设了我们无力更改、无法回避、无可逃脱的命运。但还有一点没想通，这么一个独立而颇有主见的"我"，为什么不搬离她后父的家？但这好像又是另一个故事了。

弋　舟　显然，你是那种"会读小说的人"，你所着眼的那些微小的细部，可能恰是小说之"小"的奥义所在。一个"后父"的出场，被你看到了，于是他才存在了，否则，他毫无意义，他所能达成的某种社会性联想、心理性联想，甚至文化寓意的联想，对于你这样的读者都是有效的。因为你有"小说经验"，这些经验的调动，让你丰富和完善了作为作者的我也许都未能触及的波长。在这个意义上，这个"后父"是你创造的。但我也要承认，至少，这是一个我预设的效果。我们在写作中，总是心怀着某类理想读者的。同时，我也得承认，这是小说家的懒惰，他知道镶嵌什么最顺手、最有效。

至于"我"为什么不搬离呢？是啊，为什么呢？那的确是无以穷尽的追究了，没准，它的确是下一个故事的起点，因为当"为什么"发生时，正是"事故"发生的时刻。小说就是在一个又一个的"为什么"策动之下，才展开了她自己的道路。当然，回答起来原本也能简单——自由如我们，为什么要去打一份充满了羞辱的工？为什么，我们不能像发射火箭一般，从身在的苦地被发射出去呢？掩面时分，这时候，我们正好可以琢磨琢磨这些无解的问题。

贺嘉钰 那些"无解"的问题有一些不正源于"人类

的算法"吗?你的小说不经意时甚至还兼具普及科学或者伪科学的功能,不过,当生活蹭过这些小小的跳板,我们确实或多或少地获得了一种被更新的认知。从一种角度看,《人类的算法》是你短篇阵营里的"少数",你放弃了第一人称的叙事方式,从日常里揪出一个小线头,我们发现,生活是多么经不起这样的"抽检"啊,轻轻一扥,一件织物就有可能被拆毁,一种看似严密的生活就有可能垮塌。我冒险将这篇概括成一句话,"一个中年女人如何藏住她逸出的往事与心事",但故事从始至终只是一个人的,你为什么给了她一顶"人类"的帽子?

弋　舟　生活其实是经得起"抽检"的,事实是,我们都知道那织物一扥就毁,可大家都在根本性的溃败中有模有样地保持住了某种看着还算体面的完整。这可能就是生活本身的强悍所在。

小说里究竟能够承载多少"野心"?当然,我们说过,当我们写一个人的时候,实际上就是在写整个人类。这不仅正当,而且正大。但是,如今对于正当与正大之事,我们往往都说得不那么理直气壮了。小说中的女性,经历了她的往事与心事,如果不将惨痛的一己往事与心事寄托于"人类",我眼下还真替她找不到更好的道路。也许,就没有一条"更好"的道路,我们能做的,不过是找到一条"不那么糟"的路。你瞧,无论在现实里还是在小说中,我们有了科学和伪科学,我们有了带着储藏室的房子,我们有了国际贸易和世界,那我们就有理由去从这些事物当中寻求即便是不那么可信的依托。这是今天的我们身在的现实,我们已经被限定在了历史的这个局部,我们处理着的和处理着我们的信息,决定了今天的我们只能让自己向"人类"眺望。

而且,人类、算法,这样的意象,还有比此刻更加扑面而来过吗?是,这么说下去,都有可能是强词夺理了,如果最终真的说出了某种"野心",极有可能真的就是小说不堪承载的了。

贺嘉钰 无论她是否能够承载,她的作者和读者都乘着这样一种形式渡到一个新的岸边。借由文学打开认知,完成冒险,反刍经验,我想,再没有比小说更便宜的方式以供我们检省生活了。在这样一个"上不着天下不着地"的空间里,现实高度地简化在一个故事中,一种叙事方式里。文学能够给我们的,可能就是一次次"困境的日常化"，对于一些读者，她还给了他们一把思想的"小锉刀"，她将赋予他们"转换力"与"后置感"，你参与，又能够抽身，因而及时地获得了反思的机会。

如果说，在严酷凛冽中，文学能够主动地帮我们恢复一些什么，那也许就是在模拟困境中练习克服，当真正的困境无可避免时，想起人类里的那些"她"与"他"，给自己一些保持平静，保持深情的定力。

期待着《庚子故事集》的句点将我们渡往未知之地。

弋 舟 "转换力"与"后置感"，这就如同是对这本集子的一个概括，而概括了的，不是结果，正是一个过程——她尚未完成，但是我们能够预见到她终将完成，只是，现在我们还不知道她将怎样完成。这，恰如我们此刻的处境。

让我们等光来，并再一次对下表。

贺嘉钰 正是傍晚5点钟。卞之琳诗里写过，"友人带来了雪意和五点钟"。文学安宁人心的瞬间无时不在发生。谢谢你的写作。

与木叶对话

未被算法所穷尽的
文学与人间

木　叶　不知弋舟兄是否还记得,若干年前有次聚会,一众师友之中坐着一个年轻人,基本不与旁人说话,感觉特别拽而又很落寞的样子,仿佛有无尽的话语,却又是静默的。这就是第一面。后来见得多了,每次的感觉又不尽相同,或匆匆数语或清谈至凌晨或一见面便已醉眼蒙眬……

我较早看的是《刘晓东》,当时就觉得是卓越之作。这些年来一直关注弋舟的短篇、中篇和长篇创作。弋舟的好不仅在于小说写得摇曳而跌宕,还会画画,于书法也有心得,貌似还为书刊设计过封面,有多种才艺,多副笔墨。

今天我们要谈的《空巢》是一部非虚构作品,全书分为"乡间"和"城市"两大部分。将这些空巢老人聚在一起的是孤独,而这本书的好在于又以具具体体的孤独、具具体体的细节把一个个老人区分开来、彰显出来。而这正是一个创作者的本职和才华所在。

《空巢》曾有过一个版本,一开始有一章是用许多数字介绍中国有多少空巢老人,涉及不同时段、不同地区、不同收入者,兼及联合国的一些说法。本书未收录这一篇,我的理解是,在中国,数据赶不上社会的变化。而目前的这本书直接就进入了乡间,进入了城市,进入中国社会的肌理。而一本好书,一本注目于一个个人的书,恰恰是由那些不能被数字化、不能被量化的细节和气息所构成的。那么,在新版面世过程中最勾起你回忆或最触动你的是什么?

弋舟 这本书之前是有一个版本,但那个版本近乎"试读本"吧。木叶兄确实很敏锐,捕捉到了两个版本之间最明显的不同。为什么把相关数据拿掉?一是如你所说,今日中国变化之急遽,不要说跨度三年五载,即便是今年和去年都有很大的不同,曾经有效的数据,会迅速地瓦解、从而失效;再则,这本书是一个非虚构的作品,非虚构作品我们的直觉要求就是准确与真实,但在数据性的真实与准确之上,文学可能还要求我们抽象出某种更为持久、更为"广谱"的真实与准确。相较于新闻报道或者科学研究那种统计学意义上的数据,以文学的名义展开的非虚构性写作,还是应当给出人的"心灵数据"。这也就是木叶兄所说的"注目于一个个人"。

研究粮食问题，具体年份产出了多少，歉收了多少，统计学意义上的数据对做专门研究的学者是有意义的，对于一般读者，大概只要了解宏观意义上的粮食问题如何对我们构成了问题就可以了。因此，我觉得把那些数据拿掉也是可以的。真正做社会学研究的专家，他们不需要我来提供数据，这个作品是面向普通读者的，我不大能确定，枯燥的数据对大家的阅读有没有太多的价值。我知道，大家关注这个问题，首先是被"切己"的感受所唤醒，而非精确的数据。写了这么多年，这是我读者最多的一本书，至少是说明对于这个题材本身，读者的关注度已经够了。在座年纪大的不是特别多，为什么大家对这样的一个主题怀有兴趣？我相信，如今每个中国人，即便不是自己的家庭有这种问题，亲戚朋友间也会有这样的问题存在。

拿掉数据，更是对自己那份想要假装很"专业"的虚荣心的一个克制。面对如此重大的命题，还是老实一点比较好。

木　叶　哲学家梅洛·庞蒂说"世界的问题，可以从身体的问题开始"。这里的身体可能很具体也可能有些抽象或侧重精神性。《空巢》中提到一个老人故意违法以求到监狱里养老,也就是放弃身体的自由以换取精神和生活的关照,他三言两语就直击人心:中国的空巢老人有多少委屈,有多少无以言表的东西。

非虚构和虚构面对的是同一个世界,同样的现实。虚构需要想象力,而非虚构也离不开想象力。在不久前的一个研讨会上,袁凌说非虚构作家不能编造对话,不能编造事实本身。作家梁鸿谈到自己的书受关注的一个原因是情感的流动,而这也是一些人质疑她的原因之一。无论是作家还是评论家都很关注非虚构的尺度与可能,不知弋舟兄在非虚构写作过程中有什么戒条或发现?

弋 舟 这是我们反复讨论的问题了。虚构和非虚构之间的界限究竟在哪?是什么律例和戒条限制着我们忍不住"虚构"的那支笔?如何去约束自己?这本书的前言是一个重要的构成,我在那个部分把自己此次写作的宗旨交代得比较清楚了。写《空巢》这样的题材,对我而言,反倒是有优势的——一个个老人,一张嘴,就是自己完整的一生。什么时候需要虚构?素材不够的时候,我们大约才需要去虚构,而我现在面对的对象,他们给出的是胀满的,我需要做的，不过是尽量裁舍掉一部分，在我看来，保留下的已经足够支撑他们乃至我想要表达的了，然而且慢，这个"在我看来"，必然已经是我的主观介入了，是"虚构"的冲动与"虚构"的起点。

我们能不能够编造对话呢？如果对象已经说得足够好，为什么还要去编造？如果我们把对象所说的精简化，算不算是编造呢？因此，我也难以放胆直言说压根没有虚构的痕迹，因为主观便是与虚构如影随形着的。于是，你甚至可以说，所谓孤独，可能不是这个书里的二十一位老人的孤独，那只是弋舟的孤独。个别老人跟我说起自己的那点事，欢天喜地着呢，是作为聆听者的我，从我的感受出发，听出了孤独。将二十一位老人的精神、生存困境抽象出"孤独"这样一个意象，以"孤独"指认他们的生命难度，我想这是没有问题的，而且也是不违背非虚构写作伦理的，甚至，它还是重要的。

非虚构性写作需不需要一个"立场"，当然是需要的。袁凌的新作《生死课》，书名即是他的立场，他的那些采写对象，大多没有"生死"的自觉，是袁凌从中捕捉到了众生的生死，并且做出了自己的命名。

我相信，在严格意义上，这本书的真实性是有保障的。我所做的工作，只是把老人们前言不搭后语的口语以书面语的方式理顺一点，把脏话剔除，将过度的乖戾之气软化一些，做一些个人隐私的处理。当然，即便是做这些技术性的工作，我相信也已经有我主观的因素介入了。

虚构和非虚构之间的界限，的确难以泾渭分明地厘清，也许，就没必要截然厘清吧。我只知道，通过这次写作，自己确乎获得了极大的幸福感，心里的踏实劲相较于写小说要充分得多。至少自我感觉是在如实记录。

木 叶 成书有十几万字，原始素材有多少字？

弋 舟 录音笔记录下来的有几百小时的材料，肯定也说了很多废话。转化成有效的文字，四十万字也没问题，但有些差异不大，就做了相应的取舍。这还事关个人的写作习性，对于均衡，我有种强迫症般的要求，那么，城里的十位，乡里的十位，顶多有一两位的差别。采访时更多走访的是城市里的空巢老人，因为条件相对便利一些，如果全部用上，城市的部分就会明显大于乡村，于是，就处理掉一部分。这其实没什么道理可讲，纯属个人积习。还好，这个积习至少限制了我写一本"巨著"的野心。

木 叶 我读下来感觉非常节制。有一点我可能不完全认同,其实有一些废话甚至粗口是不是也可以适当保留,它们可能蕴含着一种精气神,是老人的个人化形象或者对应着某种万古愁。你说稿子理好后会给被采访人过目或读给他们听,有人拒绝发表,是什么原因?你试图说服过他没有?

弋 舟 如果所有的原始受访者都拒绝公开,这本书我是坚决不会出的,这是我遵从的一个基本信条,他们不愿意,哪怕不愿意的理由在我听来完全不能成立,我也会尊重他们的意愿。老人们的担忧,更多是基于跟周遭的关系不好相处,基于"人设"的崩塌。跟他们聊,很多人不知道我最后是要写成书的,事毕,跟他们打声招呼,我认为是必要的。这个"认为",可能已经扣到了非虚构写作的伦理。在我的写作历程当中,这确实是比较特殊的一本书,整个过程,并不是那么目标明确地指向文学的成品——那种以作家惯常的工作方式、出版节奏所形成的所谓的"作品"。

至于木叶兄讲的适当保留一些粗口或者废话,以构成某种"文气",当然是成立的,但前提是要问问伟长兄,出版制度的尺度是否能通融一下？还有，也是与个人好恶有关吧，我始终对"书"有一个"雅"的顽固的想象，分寸感掌握在自己心里，这也是写作者克服不了的"虚构"性的一面。

木　叶　嗯，出版尺度。书中写到孩子对郭奶奶不够好，村里有人跟郭奶奶说，你登报发一个寻儿启事，造成一个没有儿女的样子，然后就可能借此获得五保户的待遇，从而解决经济等困难（或可进镇上养老院）。但是，郭奶奶的话透出一种尊严。她说这种事我不能做，我确实有儿子，尽管他没有做到该做的事，但儿子还在，人不能骗公家，也不能骗自己。在乡村，在经济很不好的情况下，在亲情衰退、孤独围拢的时候，她也要保持一个人的尊严。我看到这里既感到真切，又有些感慨。在一次次走访过程中，特别触动你的力量是什么，或者说出人意料之处还有哪些？

弋　舟　我们对老人乃至对广义上的"他者"的想象，是存有严重偏见的。这个老太太葆有的尊严令人震惊。

上海的"侧耳"团队朗诵过这本书的部分篇章，非常动人，每次聆听，我都会回想起老人们跟我说话的情景。

有位老太太经常跑到商场，坐在商场里，她跟我说，她就那么坐着，"看人来人往，看花花绿绿的小姑娘"。我们好好体味一下这句话，一个老太太，她也有过花花绿绿的时候，历经时光，如今坐在大商场里看着来来往往的小姑娘。这句话本身就有极其阔大的震撼力，足以囊括全部的生命事实，这些都足以触动我，令我倍感意外。有时候，我们并不需要跌宕起伏的情节来感染自己，生命最朴素的事实就足够了。

木　叶　描述得很形象。人们可能会假想老人是什么样什么样，会怎么谈一件事，但是他可能突然给出另外一种表达。这种意外是最真切的，也是对一些既有思维的纠正。这本书里有一些涉及知识分子和知识氛围的地方，也耐人寻味。其中，一个老人在乡村，他儿子所在出版社为家乡的农家书屋捐了很多书，老人经常带头去书屋看书，但渐渐地就他一个人去看了。村里索性关了书屋，有领导视察时再打开做做样子。这时候老人说，不看就不看，我就到村头去看看远处，看看田野。这种平实的话出于无奈，却又很动人。

还写到应属于高级知识分子的一对夫妇，两个儿子毕业于清华和人大这样的名校,而且都有很大的房子,老人也曾去北京住过,但终究不去了。我想你选取这样的老人时,也会意识到即便一个人很有知识背景,见识亦不简单(儿女也都是"高知"),但同样未必能真正妥善应对老年的境况、代际的隔膜,或者说也必然遭遇某种荒凉。你采访了这么多各不相同的人,我们看到的是落在纸上的冷静的文字,而你在现场会深入其中,包括老人的眼神、呼吸,你觉得除了孤独,到底还有什么东西会突然攫住这些老人,让他们无论知识背景如何、儿女条件如何,他们很想向你倾诉却又可能欲言又止,甚至最后拒绝发表?

弋 舟 空巢是一个何其严肃的问题,我避免过多回想当时究竟是什么力量抓住了我,所谓"不能承受之重"吧。木叶兄对比了有知识和没有知识两种不同的老年人群,他们使用什么手段来处理自己的精神问题?现在想,我觉得,岁月本身才是最为浩大而有力的,即便是一位一身怨气、极度消极的老人,他们身上所灌注着的时光之力也足够他们撑完最后这段路——这段路当然就是末路。人生晚晴时,尘世的资源已经很少给他们提供搀扶了,那就靠一生所记的那些,把最后的时光撑起来。

有的老人说你别发表了,很奇怪,就像媳妇和婆婆相处,怎么没处好,说不清楚;某个老人是为了孩子的隐私,不愿意和孩子撕破脸;某个老人是突然不高兴了,上一秒跟你还说得挺投机,下一秒就让你赶快从家出去。不一而足,这个东西说不清楚。恰恰是这种人类精神状态的混沌之处,才令我感受尤甚。于是干脆一刀切,不让做就不做,尊重你,你说了,我听了就是。还有会失控的,哭,老人们的精神状态往往表现得很飘忽,只能尊重他们好了,想讲就讲,不讲就算了。这也是此次写作的特殊性所在,对我来说,甚至是在一定程度上校正了自己的写作观念,乃至世界观与文学观。

很多老人讲方言,这本书多多少少也保留了一些"口语感",因为有录音,重放老人们南腔北调的话音,在我听来,这本身就是浩大的人间,不同的口音、苍老的声音,述说的都是一生。他们所讲的,不能简单地以对错或者有道理没有道理来论,只要时间足够长,形成一个生命完整的事实,便具有无可辩驳的尊严。

木　叶　乡村的、城里的,有知识的、不识字的,有些权力的、很普通的,儿女优秀的、自顾不暇的,能自娱的、抑郁的……对被采访者的选取,你想必有自己的标准,我发现你所采访最近的人似乎是你家楼下摆摊的李大妈,但没有去采访血缘或关系极近的亲人师友。

弋　舟　这倒是没有专门想过。不过作为写作者,我有这么一个习惯,写下的东西,是不大愿意让最亲的人看的。直接采访自己身边的亲人,当然也没什么不对,但我至少不大做得来。打个比方,现在我要采访一下木叶兄,你觉得合适吗?你觉得合适,我反而会觉得你不符合我心目中的采访对象,我知道你所表达的,不符合我对"朴素"的预设,而我对你的聆听,也做不到我对"朴素"的要求。这并不是说木叶兄不朴素,而是说,掺杂了私人的情谊,那个"非虚构"的要求,对于我们双方可能都会打了折扣。这里面的问题很复杂,需要专门展开。

木　叶　你这么说我就理解了。其实,文学很多时候就是在处理有情与无情,作者要把自己置于这个世界隐秘而又恰切的位置。

今天中午跟一个批评家朋友吃饭,讲到《空巢》中令人伤感的故事,朋友听了说如果自己八九十岁生活不能自理就选择自杀,我当时跟他说,世界的残酷可能会令人措手不及。我认识的一个长者前两天还跟大家开怀畅饮,突然就中风了,身体和大脑相互背叛,为了体面而自杀等想法也已无从实现,这就是某种困境,或某种真相。

与身体一样不由自主的,还包括情爱问题。书中写到曹姐终身未嫁。一个古稀之年的老人尚未婚嫁,可能会引起议论。和曹姐这样的人交流时,因其空巢状态的特殊,你的提问或语气会不会也有所不同?

弋 舟 这本书能够让一部分读者满意,我想,还是有赖我作为小说家的优势。曾经有朋友问我,当一个小说家最为重要的条件是什么?我想过后,认真作答——最大地理解他人的愿望和最大地理解他人的能力。我相信,当我面对一个个老人的时候,我对他们理解的愿望和能力应该是优于很多人的。

有时候,他们会把我当作"政府的人",反问我,跟我说一些需要政府解决的困难。聊着聊着,他们便对我敞开了心扉,而我则感同身受。作为一个小说家,我会在很多寻常的细节、朴素的话语里产生共鸣。很简单的一句话,我会动情,我的动情,实际上他们是感受得到的,哦,这个孩子听得懂我的话。把他们诉说的热情调动起来了,你安静地听着就可以了,现在回头看,真是金句迭出,比我挖空心思写出来的漂亮话好多了。那么,面对曹姐这样的老人,我是不需要专门找到一个"语气"的,那种合宜的语气会自然流布。

木　叶　无论是你被看成政府的人,还是记者,那种倾听与理解都可贵。不需要任何渲染,那些声音会自己走向你。《空巢》这部非虚构作品努力面对时代的困局、人生的困局,节制而又透出深情,引人入胜而又令人不时陷入深思,去打量这盛大的人间,这琐细而又蓬勃的人生。这是对空巢老人的慰藉,是对某种根本性而又极其具体的问题的直面,也是对写作本身的一种丰富,或者说一种照亮。

有意味的是,这次采访过程还可视为父亲对儿子的一种生命教育、情感教育。你当时十三岁的儿子不仅参与了采访,还负责对录音进行初步的选择与整理。于是,这一过程蕴含了三代人(老人、弋舟父子)之间的相遇,蕴含着人生与人心的承续和碰撞,我好奇的是,是否有什么地方经他整理删减以后,你会觉得很重要乃至重新找回来?

弋　舟　我确认,作为一个完全没有文学素养或者文学企图的少年,儿子恰好适合来做这份工作。他最终去掉的都是些抒情的东西,却抓住了叙事的骨架。老人们一生的基本面貌保留下来了,大量的富有感情色彩的抱怨、喟叹都删掉了。这便接近我们所想象和愿意靠近的那个"客观"。儿子真是给我提供了帮助,是对我那种抑制不住的"文学性"的一个管控。

木 叶 下面的问题也涉及代际与情感等问题。王姨再婚,对方很体面,社区也将其视为成功案例,但受过高等教育的孩子却想不通。这时候老人说:"儿子们都爱我,可他们的爱怎么会这么狭隘?"这一句,越想越让人神伤。老年人的情感问题是一颗雷。我问得更直白一些,老年人的性、老年人的爱以及老年人的再婚问题,书里涉及一些,但是没有更多探查,你作为一个敏感的书写者当时具体是怎样考量的?因为我知道你从早期的《锦瑟》起就对老年人的性欲和情感寄托做过深入探讨。

弋 舟 面对这个问题,子女们的确显得狭隘,但是现在想想,这个"狭隘"可能只是你我的用词。恰恰因此,这一定不是我虚构出来的,因为如果我要去写这么一个精神的复杂性,一定会写得更为缠绕,远非一个"狭隘"可以论定。在老人们那里,即便没有使用"狭隘"这个词,基本表述大致也是朝向这个方向的，那么好了，我尊重老人们的认知，就在这个层面上表达这个事实。我不是在写一本复杂的小说，不需要在里边做更为复杂的人性思辨。

我不想将这本书弄得噱头十足，虽然这的确是一个属实的"噱头"，老人们普遍地涉及这个问题，我们可以理解为他们对性依然还怀有愿望，至少是对情感依然还有着诉求。呈现这方面的困境，往往会构成所谓的"卖点"，但我不愿意强化对读者引诱一般的勾引，弄一点有噱头的情节，我没有那个愿望。我不想冒着将一件严肃的事情八卦化的风险。书里的确处理掉了许多这方面的情节。如果我要深入去写，不免需要替这个老人思考，这不是贬低老人的思考能力，是他们凭着本能表达出的东西，如果不进行一些理性的梳理，甚至替他们做出某种解释，实际上是有被误解与歪曲的可能性的。不是因为他们的欲望肮脏，只是因为他们没有办法把自己的不肮脏表达清楚，他们没有将自己的权利解释给世界的能力。作为非虚构作者，我不能替他们辩白，干脆把一些东西割舍掉。

木　叶　我插问一句，这本书采访的地域、领域都涉及哪些地方？

弋 舟 非常有限,作为一个切片,可能不具备更全面的说服力,但我觉得可以了。整体来说,就是陕甘两省,我所生活的区域。当然最好也能来江浙采访一下,但也仅仅是补充形式的多样性,内核还是这些东西。可能江浙老人在形式上和西北老人的生活境遇不一样,但我想,精神问题应该差不多。

空巢问题仅限于960万平方公里内有效,因为,在我看来这就是一个"中国问题"。虽然世界范围内老龄化也是一个巨大的人类事实,新冠肺炎攻击的那些美国人群,在我们看来就是空巢老人,但美国人没有一个空巢概念,他们的文化里没有对"巢"的执着,于是便也不会有对"空巢"的纠结。空巢问题就是专属中国文化的问题,几千年遵循着的人间伦理,对中国人的影响和暗示构成了我们的困境。

木 叶 书中最后一篇是一个做过省作协的主席,而又有美国生活经验的老人。他本身的故事开阔,视角也好。不知是不是可以这么说,美国有"空巢老人",但没有"空巢焦虑"。很多美国老人不和儿女住在一起,又各自生活得很不错。我们的空巢焦虑,与千百年来的孝文化、家族文化，以及当下的社会保障制度或者其他一些因素有关。远在加拿大的薛忆沩也曾回转身写下一部长篇《空巢》，当然他还涉及欺骗、历史以及隐喻等等。在中国，除了空巢老人，还有留守儿童，空巢老人或许也可以说是留守老人，只不过这个"空"与"留"实在是太复杂了，包括多个层面，困扰着老人，也困扰着年轻人。这时当一位敏锐的作家涉足非虚构、带来自己的思索，自然也就被寄予更多的期待。

弋 舟 这就是我们这个文化的特殊性，宗族观念，孝文化，等等，深深作用在中国人的血液里，成为文化密码。这一两百年里，我们在往现代性的方向走，而现代性，姑且可被视为就是西方性，那么，我们的传统性与这个西方性，在本质上是有许多特质不可通约的，此间冲突，决定了空巢会成为一个中国问题。这不仅仅是一个社会治理层面上的问题了。我采访的一部分老人，家境也不错，身体目前也不错，完全可以自顾，但为什么他们觉得这会是个问题？即便把老人送到五星级的养老院，我们都会觉得这里边有着确凿的道德风险和舆论风险，这就是中国人特殊的感受。

一方面，我们觉得已经进入现代，但是诸般根深蒂固的文化观念依然还笼罩着我们。我们天然有一个对"巢"的自觉，对家的自觉。我们教育孩子都会受到不同文明观念的搅扰，爱的教育是西方观念，表扬呗，但我们的观念里是有"棍棒底下出孝子"的，在两种观念之间摇摆，不知所措，使用哪种方法好像效果都不好，这就是中国问题，的确太特殊。

木　叶　中国人容易依赖他人，老人一辈子付出很多，更是容易期待儿女回报于自己，期待社会服务于自己。这并没有错，但人一有所待，便反而往往会变得被动。无论是孝道，还是大家族观念，很多东西一时无法改变，但我们或许可以更多地去打量何为独立，何为自由。或许，在身体还没有那么失能，生活还没有那么无助之前，不妨试着从心态上行动上做一些改变，老年夫妇和谐地相互照顾，同时让自己像一颗星星一样运行，并接受社会中间各种各样的引力、各种各样的照耀。一个人独立于自己的儿女，把自己照顾好，找到生活的立足点、生活的乐趣，就可能使家人拥有更多的乐趣与自由。

这又终究是难的。你和老人面对面交谈时，会不会有无力感？为什么讲到这个呢，我有一位搞艺术的朋友，回到家乡发现年轻人不见了，村子空了，特别颓败，于是他开始和父母以及乡邻一起大面积种植水稻，然后用这些稻米、用古法也是土法酿酒，不过目前营收情况尚不乐观。还有一个朋友是著名大学的博士，他辞去教职，与生活工作了多年的城市和高校切割，返乡之后大种药材，据说已达上千亩，有人很不理解他的选择，而他在草药种植方面的实绩也有待观察。我也来自乡村，古人说"少小离家老大回，乡音无改鬓毛衰。儿童相见不相识，笑问客从何处来"。我现在回到家乡，确实是儿童相见不相识，但他们根本不会问你从哪里来，他们当你不存在。这是我和这些人共同的家乡，但又似乎已经和我没有太多直接关联了。你看到某种荒凉，却又无法为家乡做什么实质性的事，甚至对自己年迈的父母也如此。这时候就会感到特别无力，无奈。你在采访过程中，有没有某种冲动特别想为他们贡献微薄之力？那时候首先想到的是做点什么？

弋 舟 肯定会有，我也是肉身凡胎，忽然间，便动了情。但我们的确太有限，往往只能把自己的精神愿望转化为物质表达，就是给点钱，还能干什么？给点钱，给一个片刻的善意，你我也知道全然无效，面对那么一个浩大的生命事实，我们连自己的生命都解决不了，何况一个一个沉重的老人。

有一个阶段，记者问我有没有重新见见这些老人。我是避免重新再见的。你很专注地感受另外一个有质量的生命，实际上是一件压力挺大的事情。生命何其复杂，人间何其复杂，面对一个个活到七老八十的人，以我们自以为是的理性，自以为是的能力，在他们面前都挺苍白的。老人们其实是极其睿智的，吃过的盐比你吃过的米都多。在灵魂上，你帮不到他们，只能出门买上两斤苹果或者悄悄留点钱。今天大部分老人面对的困境并不是物质困境，他们并不缺两百块钱，不缺那两斤苹果，但我们只能如此苍白地表达一下心意，这就是最大的无奈。

你能给他们说些什么呢？我想我是理解他们的，甚至，在一定程度上我比他们本身都理解他们，这就让某种精神上的交织更加难以展开，人与人、生命与生命之间，终究是相互无力的。

至于"中国人容易依赖他人"这样的判断，当然是对的，但是我想，也许从前对于这个判断的认可，我是怀有某种"批判性"的,而写完这本书,对于这个判断的认可,更多是怀有一份"同情性"了。甚至"同情"都显得有些张狂,是在俯瞰,而事实在于,这应当被批判与被同情的"中国人",就是我们自己。

木　叶　自省,可贵。我对不同老人的具体生活状态非常感兴趣,我也深知同一件事会有颇为不同的说法,一个用词的变动甚至可以颠覆整个意思,通俗而言就是公说公有理,婆说婆有理。比如,这个老人对儿女有或隐晦或直接的怨言,你在如实记录之后,是否会去问问其子女或者邻居,也就是一个兼听和印证的过程。

弋　舟　一个抱怨比较多的老人,大概率的,在邻居和子女眼里也是一个"坏老人"。非虚构要求客观,立场中性一些,但是在这一点上,我选择倾向于"站老人"。我们会在公交车上碰到不讲理的老人,乃至我们的亲人中,也会有不讲理的老人,但是这一次,我只能选择站在老人的立场上,从他们的角度去表达一切。我不想"兼听",因为这一次我本不是傲慢地在"求明"。

木　叶　中国的父母,养好子女又带孙辈,而成长可能注定了是一个和父母越来越远的过程。人老了,看似有更多的经验，却也是各种隐疾爆发，乃至更靠近死神之时，在这个高科技的时代老人还更容易被边缘化。你作为采访者和书写者，其间想必有很多纠结，有时候将真实人间的种种不忍转化为文字，会不会感到这么做本身就有些残忍？

弋　舟　会。如果说这本书的写作令我受益，那就是在写作过程中，我部分地克服了作为一个小说家常年形成的积习，譬如想要写得惊天动地、夺人眼目，等等。它让我有所节制，让我不那么企图深奥，让文字被更多人读得懂，让作品便于发表便于出版，这些当然不是一种"策略"。人间不忍，我想，如果我们要对这"不忍"的人间找出某种方案，也只能找这样的方案，生命的方案。让我去怂恿老人，说子女如何混账，要去跟他们讲理，甚至动用组织动用法律，我觉得都是荒谬的，说一说就完了，重要的是，日子还得往下过。可能在这个立场上，至少我自己变得不那么激烈，也愿意我眼中所看到的一切也不要那么激烈，毋宁说，这也是一次写作观念的改变。

木　叶　谈到写作观念的改变，我能感受到笔下人物对弋舟兄的引力，或者说你对人物的体恤。我来谈谈在生活中遇到过的一种情形，就是儿女很不孝，做得非常过分，旁边的人说你去告他们，老人的第一反应却是不能告，甚至会转而帮儿女开脱、粉饰。有时真的选择了诉诸法律，要么弄得两败俱伤，要么不了了之，但都难逃被人在私下里议论。这时候不仅涉及简单的是非问题，还包括面子等俗常而复杂的因素。遇到类似纠缠的情况，你有什么好办法将对话顺利推进下去？

弋 舟 不行就告他，这是我们作为现代人的理念。而亲亲相隐，子为父隐，父为子隐，跟现代法律精神完全是违背的，但这就是中国。国外的失业统计是实打实的数字，今天你在美国失业了，成为失业人口，你就要饿肚子；但今天你在中国失业了，你的爸妈、七大姑八大姨会拉一把，不存在生存问题，这就是中国的特殊性。让我以一个貌似有点知识的现代人，对老人们进行现代观念的"洗礼"，显然是不靠谱的，那不是中国方案，解决不了中国问题。恰恰是老人们的那种方式，胡乱的，不讲理的，也就真的把日子过下去了。这就是中国苍茫的人间。我就这样跟他们站在同一个战壕里好了，由此，对话就不难进行下去。

木　叶　人世苍茫。书出版后,有没有给这些受访者看过?我知道稿子理好后曾给他们过过目,但这和经过编辑正式成书后的感觉还是不太一样的。

弋　舟　没有。我也想过,是不是要送一本书给老人?面对一本书的心情,现在我们坐在书店的环境里是不自察的,但这些老人,面对一本书的时候,感受可能会远远超出我们的预计。整理完之后让他们看,他们不识字的话,给他们读一下,他们说没事你去发表吧,但是以一本书的形式郑重地呈现给他们,我不知道他们会有什么心理反应。你不知道人的精神和心理是怎么被触动的,尤其是老人。老人们逐渐地和社会生活疏离,这个世界其实已经跟他们没有太大关系了,突然用一本书让他们和人间重新恢复关系,我不知道会激起他们的兴奋还是痛苦。

木　叶　这个书从最初采访到现在已经过去几年,从头至尾贯穿着"孤独"二字。本雅明说过小说诞生于"孤独的个人"。不禁令人猜想,哪个老人的故事辗转地隐约地进入了你的小说?

弋　舟　从大处说,它对我写作观念的调整乃至对世界的认知都发生着一些作用;从小处说,它还直接给我提供了小说素材。比如我写《平行》,一个飞越老人院的故事,就是取材于老人的真实经历;《出警》也是采访过程中的真实材料拿来写了小说。

木　叶　《出警》非常好,《平行》的飞跃也很具辐射力,经你把这段现实来源一讲,我又加深了对你笔下人物精神处境和肉身羁绊的理解。这部《空巢》仿佛对你业已有所趋于稳定的写作路径进行了一次破局,开出新的路径,同时又不知不觉中融汇了你既往的特质。其实,人们很难把虚构和非虚构截然分开,很多时候彼此滋养,或者暗相转化。你在写作这本书的过程中,是否曾着意去比较日本、韩国等受儒家文化影响较深的国家的"空巢"状况?抑或和美国、欧洲一些国家有何不同?这包括对现实细节的体察,也包括从社会学、人类学等书籍中的涉猎。

就非虚构文本而言,何伟的作品已被谈得很多,我说一个更直接的,美国作家菲利普·罗斯,他曾写有一本《遗产》,我在一篇短文里谈到过。罗斯的父亲八十几岁时脑袋里长了个瘤子,父子间的距离就此有了些变化。罗斯冷静地记录了父亲大便失禁一事:"我得到的遗产:不是金钱,不是经文护符匣,不是剃须杯,而是屎。"而且罗斯还会坦陈:"一次也许足够了;如果让我天天干这个,我最后就不会这么激动了。"道在屎溺。罗斯还说他在给父亲洗澡时看到了父亲的阴茎,他说,那是父亲身上唯一不老的还好使的器官。这样直截、素朴而真切的述说比他的小说描写还触动我。你写《空巢》的时候,除了偏理论性的著作,是否还留意过其他作家、非虚构作家已经走了多远,表达方式又有何不同,就是说有过怎样的参详或比较?

弋 舟 写的时候一定没有那么多相关联的思考,现在被你提醒,我想,作为一个专业读者,自己一定是看了大量这方面的文学作品,这已经是我经验的一部分。当我提起笔来,潜移默化,必定都在起作用。

写这本书,我给自己的重要提醒之一是:警惕文学性的冲动。那些冲动如果全部释放出来,比比皆是你刚才所转述的"罗斯化"的表达,当然,写出的有可能就是一本"更有力量"的书了,厚度恐怕也起来了;但我不愿意在这个意义上增加这本书的复杂性和所谓的力量。你所说的这些,我们之间很好理解,也很好达成共识,但是我们不能拿这个去要求更多读者,没有必要。这本书究竟是写给谁?如果写给文学圈内部,那么就不是这么个写法,也可能不会在豆瓣累积出百万的点击量,这并不是在说我想以此作为一个策略去迎合读者,我只是想写一本"更有效的书"。在一定意义上,我认为我们的文学渐渐趋近无效,这可能是我的一个退步。

木 叶 你刚刚说现在的文学无效了,能不能展开说一下?

弋 舟 简单地说,就是没有读者,你也可以这样理解。我们习惯了的那个文学,是以"夸大"为能事的,这也没错,文学本身就是矫揉造作,就是夸大。罗斯书中的那个情节,相信很多普通读者伺候父母时都会面对,有什么呢?自自然然,大大方方,该洗洗、该擦擦呗。那么,究竟哪个是事实?是文学化的表达更接近真实,还是该洗洗、该擦擦更接近真实?我们的那种强项,是不是有可能过度地粉饰了我们的精神世界,也过度地将精神世界缠绕化了?道在屎溺,在我们像是一个天大的发现,没准这个发现早就运行在普通人的生命观中了。

当然,我也注定改不彻底一个作家的矫揉造作劲。喏,这是二十一个弋舟的孤独,未必是二十一个老人的孤独。作家就是如此,说是责任也罢优势也罢,他能给一些公共性的品格进行提炼与命名。没有鲁迅，我们不知道我们都是阿Q，我们不能自察自己身上的阿Q性，但是鲁迅替我们指认出来了。当我把"孤独"拎了出来，我希望老人们会说，对，我是孤独，原来我的不得劲儿就是因为孤独，由此，他明白了他是个孤独的人。

木　叶　我联想到自己曾采访接触过从三峡安置到上海的移民，有长有幼，长者谈自己的一生，也不过几个小时，我们问还有什么要讲的吗？他说就这些了。真正落在纸端就更短了。我看这本《空巢》，这些人是六十几岁到八十几岁，他们的一生几页纸就翻过去了，很匆匆，很残酷。可能还可以采访更多更广的人，不过我以为基本在此了。我喜欢你的笔触，点到为止，毫不渲染，而又让老人的生命得以展开，有尊严，有况味。中国社会、中国老年问题变化太快，一本书可能还是这座冰山之一角，深深浅浅的，也令读者浅者得其浅，深者得其深。

我今天本来只准备谈这部非虚构，不禁想再问两三个问题。因为你路上说真能坚持天干地支地命名并书写十本书（已有丙申、丁酉、庚子故事集），就蔚为壮观了（大意）；再联系到你对"使君从南来，五马立踟蹰"的化用，以及对"执黑五目半胜"的变奏,很想听听你怎么看待"对传统的发明",以及如何处理语言问题、结构问题;总之就是一个当代小说家如何与那些致命而又"看不见的幽灵"相处?

弋　舟　木叶兄总是能给予人诗意的启迪。诚如你所说,"他们的一生几页纸就翻过去了"。我们阅读,我们写作,如果真的是有价值的,也许就在于阅读与写作能够令我们将这种"他们的一生"映照为"我们的一生",同样,不过"几页纸就翻过去了"。这种映照很重要,它构成了我们对于自己、对于他人、对于生命和世界的基本理解。没错,很匆匆,很残酷,但也会有突然的释然与豁然从天而降。

于是,那个"蔚为大观"的写作计划,那个看似野心勃勃的计划,也不过"几页纸就翻过去了"。如果我们"对传统的发明"成立,我想,也不过是基于对先辈们生命感的重申吧,之所以有了"发明"的自得,可能不过是因为文化的失忆有些太久。天干地支的纪年方式,对古诗的征用,以至无从解释的"执黑五目半胜",这些"看不见的幽灵",对现代的我们而言,其携带着的符号信息不知道要浩瀚多少倍，张开触角，它们就在空气里，在宇宙中，被它们包围，并且要感觉到被它们包围，你的语言就在其中，你的结构就在其中。写作于此，我想，就不仅仅是"写作"了，"写作"和"文学"一样，其实是在失效着的。

木　叶　2017年，我回顾年度短篇小说以及排行榜时以"算法"为题写了一篇文章，2020年看到你的小说《人类的算法》，尤其喜欢。情感的黑洞与世事的运算，文学或者说生活本身无不在种种算法之中，至简的也可能是最复杂的，甚至还有人类依然尚未曾抵达的算法，这既是充满挑战的，也是令人振奋的。如果真的放眼科技领域，会感到更深邃博远也更引人入胜，有人对人工智能既着迷又疑惑，有人总觉得很多人只不过处于算法的外围和表层，也有人认为相对于科技的发现和变化，这些年来，文学尤其是叙事技艺的更新在减速甚至在衰退（也包括对其余门类的汲取），不知弋舟兄有什么洞察，或者说潜在的焦虑？

弋　舟　一定是谈不上"洞察"，你所描述的这一切如此磅礴与沸腾，才令人深感无力。以我的有限，我只能让这"复杂的、过于复杂的"一切简单化。"算法"的问题何其"烧脑"，我只能让其对应一段简单的人间情感，在

"数字化"的洪流面前,部分地夺回人的"肉身感",还能怎样呢?也许,我们叙事技艺的更新在减速甚至倒退,正是由于我们过分在理念上耍花腔了,花哨的理念对应不了写作实绩,才使得写作实绩越发显得笨拙。叙事技艺曾经是在增速吗?宋词是对唐诗的增速?也许并不是。这种焦虑,可能就是来自我们对骤然加速了的世界的恐惧。而我所理解的文学,大约就不应该是日新月异着的。

在对"收获文学榜"的答谢中我说:"感谢我们依然还拥有未被算法所穷尽的文学。"在我看来,文学未被算法所穷尽,正是在于她亘古的有限,亘古的缓慢,亘古地不以世界的速度为速度,亘古地表达着自己的逻辑。这就像前面我们所说到的,在统计学意义上的数据面前,这本《空巢》更看重那"算不清"的人间。

木　叶　我喜欢《我们的踟蹰》,也明了《跛足之年》《蝌蚪》和《战事》等的特立,不过整体上我更激赏于你的数部中篇、短篇。你正在创作新长篇,我总觉得你属于那种有着优雅之野心的作家,不知你对新作的自我期待是怎样的?是否遇到什么困难、什么关坎?或者换个角度而言,你最心仪的长篇是怎样的?

弋 舟 前两天看到一副对联很有感受,"气傲皆因经历少,心平只为折磨多",被木叶兄觉出了"野心",实在是经历少的气傲所至吧,哪怕是"优雅之野心"。今天我们数次提到了写作观念的调整,对应手头正在创作的长篇,我觉得今天的我恰是对"创作"本身的理解发生了变化,那种创新的、制作的、技术主义与专业主义的"创作观"已经发生了动摇。你知道,我从前大约算一个小说的"技术"强调者,甚而因此有着某种或显或隐的傲慢劲,这些如今都成为我写作的困境。把作品写得像活着本身一样,大约就是我今天心仪的长篇样貌吧。

你看,这一切的确和写这本《空巢》相关。

木 叶 优雅的野心,可能也就是被压抑的野心,紧张而隐秘的野心。总之,文学是一场与时间的对峙。近年来,不断有门向你打开,不断有"肯定的火焰"映照你,而我知道你是一个喜欢反省的人,就像你前面讲到了某些东西的"无效",你对当下的文学、文坛有什么不满、担心,或者对自己有什么不满?一个正当年的作家的行止总是令人有更多的注目。

弋 舟 回到那副对联的下联,"心平只为折磨多",

如果真像你所说,不断有门向我打开,我也只能期待那因了一扇扇打开的门而到来的折磨最终会将我导向心平,从而摆脱紧张与压抑。"肯定的火焰",是火焰,就有灼烧与焚毁,这岂不就是折磨吗?

现在想想,一部《空巢》,我所采访的那些老人,又有谁一生不曾面对过打开的门和肯定的火焰,所以我也就理解了,为何总体上,老人们是趋于心平的了,他们即便是在哀伤与呻吟,也不显得过分躁乱,至少,对世界的干扰不多。我们的文学、我们的文坛,我有什么权利不满与担心呢?那就像生活一样是个事实。对于自己,我倒的确是不满的,因为我也参与了那个事实上的生活。这一点,就像木叶兄开场的那个下马威,你生动地对我进行了刻画,基本不与旁人说话云云,唯一不同的是,今天坐在一众师友之中的,可能已经不是一个年轻人了。

《当代作家评论》2021年第2期

与何平对话

以小说作为方法

何　平　如果没有发生疫情,"2020"取其谐音"爱你爱你",应是一个令人热爱的数字。现在,经此大疫,再说"爱"这个字,每个人都可能别有深微。而文学呢?我们的文学生活,我们的阅读和写作,如何记忆和书写这大疫之年?能不能给哀伤和疼痛留下空间?甚至还可以极端地发问——我们对世界的想象如何改变?我们是不是需要重新学习如何和世界相处?重新学习记忆和书写我们世界的爱与痛?如果没有这场疫情,大多数人的世界是安宁和轻盈的,即便有哀痛,我们总能找到令自己平静的理由与方案。而现在,我们的"2020",我们的世界观,不再一如往昔了。

"人间纪年"到了《庚子故事集》,以这些人这些事来"纪"之,多年以后,我们重读这本故事集,可能才会更加深刻地意识到它的意义。我想问你的第一个问题是,你对庚子年的个人感受,以及庚子年对你的日常写作带来了怎样的影响?

弋　舟　谢谢何平兄。在这本集子的扉页上，我写下了"献给我的本命年"，就是说，即便没有发生这么轰轰烈烈的事件，2020年对我自身的个体经验仍然构成重要价值。重申这一点，是想再次强调，当宏大的事物碾压而来时，我们尤为需要申明每一个个体的感受。这也许正是文学赋予人的"切己"的权利。"人间纪年"系列已经是第三本，最初并没有如此清晰的"纪年"企图，仅仅作为一种命名方式就有了第一本《丙申故事集》，彼时，我认为这个命名能够部分满足我在那个阶段对于写作的认知。朋友们开玩笑说，如果能写六十本就厉害了，当然这是一个无法实现的妄念了，我只是想看看，能够在有生之年，以这种方式再写出多少本书来。

写到第三本时，编辑给了一个总括性的命名——"人间纪年"。我认可这个命名。但这本《庚子故事集》与前两本相较，写作和出版节奏发生了变化。你看，庚子年还剩个尾巴，这本集子却已经提前摆在了这里。至少，这也印证出这非凡的一年对于一个写作者构成的干扰。年初的时候，我和编辑沟通说《庚子故事集》可能今年要提前拿出来了。在如此沉痛、深重的事实面前，我惧怕人类与生俱在的善于遗忘的秉性,想要"即时性"地挽留和镌刻下来。现在是11月初,回望我们感受最深的2月份和3月份,部分情绪好像已经被格式化了,我们就是如此地容易遗忘。

集子里有几个短篇就是写在禁足期间,而且也直接以当时的状况为背景。譬如写《羊群过境》时,我惦记着蒙古国承诺给我们的那三万只羊,这是友邻的善举,若干年后,没准还会有读者通过这篇小说记起国与国之间的友谊。写下小说时,羊还没有送来,就在半个月前,这三万只羊已经通过严格的动物隔离检疫进入了我们的国境。如此直接地以当下作为小说背景,在我既往的创作里是没有过的,我知道其中的风险。我们习惯于把重大的时代背景延宕化,经过所谓的时间沉淀之后再进行处理。这当然是正确的,而我在这本集子里所做的,便可能"不那么正确"了。这事关勇气,是一件有难度的事,那么好了,我们活得有多难,我写得就有多难。我相信,《庚子故事集》可能是在"人间纪年"这个系列里,我写得最真诚的一部作品。真诚意味着我不惧怕批评,不惧怕"不那么正确",不惧怕把自己的限度暴露出来。这或许已不仅仅是一个小说写作的问题了,对我,它可能还是一个人格问题、生命感的问题。

何　平　"本命年"在个人的生命史上往往是一种警醒和反思,而且这种警醒和反思是提前预支给每一人的。人类无法免于战争、灾难和困厄,人类文明史应该也有这种"本命年"的,但却无法提前预支。那么,是不是可以把"2020"这种对整个人类来说,已经成为精神事件的"大年",命名为人类文明的"本命年"?虽然无法预支这种大的"本命年",却可以通过"纪年"的方式,立此存照。文学应该担负起反抗遗忘,至少是反抗遗忘人类文明"本命年"的职责。它可以是个人的、微小的、隐秘的,但文字所有的微弱呼告,却可以堆积起人类整个精神史的遗址。

你所说的对我很有触动。我们经常会有这样的借口:一个重大的事件,特别是灾难性的事件,当它降临时,我们会将之推诿到未来的某一个时间,自认当我们具有了回过头来看的反思能力以后,才行动起来把一切挽留。事实上,灾难确实也催生了很多浅薄的抒情,但是不是时间就可以必然地让我们更为深刻地记忆和书写?事实是,在很多时候,我们最终遗忘了那些损毁我们日常生活、对我们心理和精神造成巨大创伤的事件。在这本集子里的《掩面时分》中,我们每个人都在公共场合戴着口罩,这就是所谓的"掩面时分",然而,待到疫情结束,我们不再需要戴口罩了,是否还能够记得"掩面时分"时那种被隔离的恐惧?记得感觉到死亡随时降临的情绪?把灾难性事件搁置,试图通过时间的沉淀带来更深刻的思考,有时候的确导致了我们最终的遗忘。

一个作家选择处理当下的经验,无疑是冒险的,因为此刻的、此在的经验,一定会对作家带来挑战,甚至可以区分出作家的能力和审美的高下。当你写这本故事集时,疫情的走向在世界上很多地方还是暧昧不明的,疫情究竟给我们的日常生活和精神世界带来了怎样的影响,每个发展阶段都是不一样的。这就回到了你所说的"难度"和"限度"。"难度"不只是审美的问题,处在这样一种时刻里,要以小说为方法来处理与我们同在的、未经整理的、芜杂的时间,以及稍纵即逝的痛感,仅仅依赖虚构和想象是很难完全胜任的,它需要作家对现实的细触,对未来的洞察,还需要心智和情感都能够与之匹配,除此之外,还有写作者的文学能力能不能与之"再匹配"。从这个意义上讲,《庚子故事集》可能是"人间纪年"系列里最符合"纪年"性质的一本。在人类的这样一种关键时刻,它承担了"纪年",这不只是工具或者功能,从更古老的时候起,小说可能就应该是这样的,所谓"结绳记事"式的。因此,《庚子故事集》的写作实践可以作为一种方法、一种范式,让文学和流动不居的世界成为一个整体性的共存。

我在读《核桃树下金银花》时,特地听了赵雷的《成都》,这首歌里唱到了玉林路。在另一个访谈里,贺嘉钰也谈到你的小说里面有很多这种细小的元素,比如经常会写到流行歌曲,《钟声响起》里写到了钟声,《羊群过境》里出现了20世纪80年代的流行歌曲《张三的歌》,这些音乐是怎样进入了你的小说呢?

弋 舟 人类文明的"本命年",这个说法真的棒极了。给当下经历着的时光画下一道刻痕,我想,《庚子故事集》就是勉力想要做到这一点。正如何平兄所言,这本集子"纪年"的性质也因之格外突出。在西安做活动时,穆涛兄给了我一个建议,他说如果以后再要出这个系列,可以把每年的社会大事记列上,这样虚构与非虚构也许会达成有意思的互文。这里面的"有意思",的确更接近你所说的这个以写作作为一种方法,它将构成我们新的世界观的前提。

小说里出现的流行歌曲,可能表征着我时时跟"流行"发生着关系。流行,有时候就是一个"此在"的意思,我是一个"今天"的作家,我把听到的、看到的,放进我的小说中。一百年后,如果有人想了解我们的时代,可能这些都会成为一种线索。

何 平 我们总是将文学想象得特别"纯",所谓"文学的归文学,社会的归社会"。但是今天翻阅《诗经》和《红楼梦》的人,不一定是文学史研究专家,实际上,不只是人文社会科学的学科,甚至植物学、地理学以及其他自然科学都可以从《诗经》和《红楼梦》中接收到它们各自需要的消息。文学在时代之中没有单独的命运。《诗经》和《红楼梦》是时代的,是人的,也是我们各学科共同领受的疆域。我觉得这也是你连续出版"人间纪年"的意义。文学应该是大于"纯文学"的大概念。我不反对有人玩"纯文学",但我想象的你的"人间纪年",有文学,有人间,有"年"。

弋 舟 "消息"是一个好词,文明的赓续,正是消息的传递。我们那些对小说艺术过度悬空的想象,的确需要重新思考。我想，不仅是文本本身，每一个作品在当下的写作动因也许都没有那么"纯洁"。文学应该有很具体的当下因素，当下"消息"，这也是它的重要价值之一。与所处的时代严重无关，书写悬空的文本，实际上是可疑的。

《掩面时分》中也有流行歌曲。小说写完的那几天，我的情绪极其糟糕——大家都处在这样的情绪中。网上有人做了一个短视频，把疫情时期最凄惨的镜头组合在一起，有人在阳台上敲盆呼救，有人在追着灵车喊妈妈，视频的配乐就是那首《只要平凡》，"不要神的光环，只要你的平凡"。就是这样一首通俗歌曲，却听得我眼涌泪水。于是我决定把这个歌词写进去，而且它跟文本也不违和。写进去，更多的原因是给我自己也留下一个人间"消息"。"没有神的光环，你我生而平凡"，曾经，我被这样的句子所击中，它无关深刻，但却关乎我的情感。那首《张三的歌》，它曾经流行于我们的少年时期，写完之后我发现，原来它还是一部电影的主题曲，而这部电影的名字就叫《父子关系》，非常巧合，《羊群过境》也是在处理父子关系。我愿意想象，许多年后，有人读我的小说不仅是作为文学作品来读，它还会提供某种类似考古学的意义——那个时代的人们，精神生活是怎样的，物质生活是怎样的，乃至通俗的娱乐是怎样的。

何 平 很多时候，我们把文学窄化了。其实文学承担了我们日常生活和精神生活的全部想象。以前谈文学有个词，叫作"百科全书式的文学"，我们今天了解巴黎，可能很多时候并不一定要通过历史学家，而是可以选择去阅读巴尔扎克的《人间喜剧》，同样，我们的三国历史知识，可能很多是建立在对于《三国演义》的阅读上。小说参与了我们对于人类历史、人类文明史和人类精神史的建构。

今天读弋舟的小说，其中有很多东西和我们的日常生活非常贴近。就我而言，《张三的歌》是二三十年前台湾的校园歌曲，我好像遗忘了很久，但现在忽然就被唤醒了记忆，因为它关乎我个人的"纪年"，这些单数的、个人的"纪年"汇流在一起，就是一个时代的记忆。而赵雷的《成都》，多年以后也将成为"纪年"的因子。你小说中的这一部分，恰恰是我们今天所认可的——小说要写个人、要处理细节。你不回避小说与时代之间的关系。小说的读者，也许很多不一定是完全冲着文学而来的，未来的某一天，当人们在某一个时刻想要了解2020这样一个年份的时候，可能会在书店或者图书馆的角落里面看到了这本《庚子故事集》,他打开这本书,逝去的时光中曾经有过的人与事、爱与哀痛,就会慢慢地流淌出来。

我注意到你的小说里面有一个词,"孤僻",苏童说弋舟是发出"孤僻的歌声",封面上也写着"喧嚣时代的孤僻者之歌"。我们往往都讲"孤独",为什么用"孤僻"这个词?你小说里面的人物,好像确实是有着"孤僻"的特征。"孤独"往往是一个中性的词,"孤僻",似乎指向某种偏执地、无意识地积累的东西。我觉得这个词是很准确的。而且在这本集子里,你还喜欢写"胖","胖"跟"孤僻"之间有关系吗?

弋 舟 很巧,我的书房就挂着一幅字——"自知性僻难谐俗,且喜身闲不属人",这不是清高,是对自己的一个认领。其实我想,完全"谐俗"与"属人"的人,也不会很多,这便是我们在文学中处理此种情绪能够引起共鸣的根本原因。大家都在人群中,却无时无刻不在感受自己的"性僻"与世界纠缠时的精神冲突。毋宁说,这就是人的困境本身。有论者说,"孤僻是一种新的美学方式的发现"。何平兄认为"孤僻"还是对"孤独"的一个升华。我想，在我们这样的一个时代，能成为一个孤僻者，也许是有价值的。在我眼里，何平兄就是一个孤僻的批评家，今天，大家能戴着口罩进入这样一个空气相对不那么流通的空间，都有着某种孤僻的意味。

何 平 我们此刻所在的先锋书店，本来是地下防空设施。其实，很适合在地下室里谈你的书。我想，全国很少会有一个空间比在先锋书店来谈你的这本集子更适合了。

弋 舟 "胖"即是"孤僻"之一种吧，它们都是反潮流、另辟蹊径的，是被孤立的，以及"地下室"的。"胖"也是从《庚子故事集》才开始成为我写作的一个重要意象。我们可以去想象一下，一个过度肥胖的人，他在世间将会遭遇的难度，除了审美上的被歧视，他的行动都不会轻松。我自己在疫情期间也因为禁足胖了几斤，于是，肥胖本身也会对我构成一个问题。写完之后，我才发现自己对于肥胖的想象力和认知原来是极其有限的，《核桃树下金银花》里的胖子一百九十三斤，我觉得这是我可接受、想象和理解的"胖"的极限。结果南飞雁说我"一看就是没生活"，他说他就曾超过两百斤。在小说里书写胖子，也有像拉伯雷在《巨人传》里那种极尽夸张的经典形象，但今天的小说大多不这么做了。我的小说尽管"孤僻",但相对保持在某种有限的区间内,我不会写一个三百或者五百斤的胖子。我就是这么一个有限度的小说家,只能在相对正常的世界观里,相对地"孤僻"那么一点点。所以地下室到这一层也就可以了,再深,我估计是不去的。我对人间有基本的、和大家能够通约的认知。我不是一个极端性的小说家。

回到何平兄刚才的主张,小说这门古老的艺术曾经担负着的百科全书式的功能,如今的确渐渐丧失了。这有一些客观原因,其他的艺术门类不断地分割了小说的古老功能。但我想,还是要重新担负起某种在小说里呈现"知识"与"消息"的雄心,这种知识,不仅仅是在庙堂里所转授的那些专门的知识,还应当是很多我们具体的、当下的、属于我们这个时代的人间万象之"消息"。

何 平 我们现在常常缺乏一种流动的常识,或者说流动的知识,而常识和知识是会变动的。

弋 舟 这个"流动的知识",在我写《随园》时也有过类似的思考。那篇小说试图印证不同时代的知识分子应对世界的方案,乃至可以和今天的知识分子处境构成参照，实际上，这就是一种流动的知识谱系，也许正是这些东西才使这篇小说有了意义。

何　平　你说过，小说家的写作是在一个时间的绵延长河里。即使写的是此刻，也有一个绵延的时间长度，此刻并不只是此刻，而是有它的来路和去处。所以，我们不能把"纪年"简单理解成及时到场的社会新闻。

弋　舟　前些天在北京参与了一场关于"现实主义"的讨论，我认为"现实"之所以堪称"主义"，一定不是指向一个孤立的此刻，否则它就配不上"主义"，为什么会有不那么令我们满意的"现实主义"作品？或许正是因为某些作品在理解"现实"时把它狭窄化了，而我理解的"现实"，一定是历史的、总体性的。此刻的源头在哪里？它往哪里去？在这样的完整性当中理解"现实"，也许才是现实主义的要义。

何　平　20世纪80年代还谈现实主义深化的问题，事实上也是因为大家都自觉地思考这个问题，才有所谓的深化。现在好像大家对很多重要的文学命题都懒得思考，比如我们看很多专业的批评家也把"现实题材"和"现实主义"混在一起谈。"现实题材"到真正意义的"现实主义"相差十万八千里呢。前一段时间王尧老师在讨论"文学革命","文学革命"一定不只是文学技术的升级,它背后是思想启蒙和文化运动。单独要求"文学"革命是不可能产生"革命"的。

弋 舟 如果我们把"文学革命"仅仅理解为对于小说技术的革命,同样也是在窄化王尧老师的提问。

何 平 你的小说还有一点是值得我们关注的,那就是"时间"。在你的小说中,每一个人物的时间都是有两种趋势的,一个是向外敞开的时间,一个是向内、向下伸展的时间。就像植物一样,有属于地面以上的时间,也有向下生长的时间,他们往往有可以示人的时间,也有属于自己的,和前面所说的"孤僻"联系的时间。小说会讲述人在社会关系里面的交往,也会讲述"秘而不宣的那一部分"。一个小说家一定会更加重视秘而不宣的那一部分,那是属于个人的、黑暗的、无法与人分享的时间。你的小说确确实实写出了这份个人的"秘而不宣",而小说这种文体是要考量"虚构"能力的,不要一说"纪年"就认为只是写实。即便是写实,也不是"实写",我不主张小说降格为"实写"。虽然我们在前面讨论了很多文学和现实之间的纠缠，但小说这种文体，或者说一个小说家安身立命的东西，其实还是虚构的能力。我对《核桃树下金银花》这篇小说里骑着三轮车送快递飞奔的场景印象很深，骑三轮车骑出赵子龙骑马的感觉，我认为这就是属于小说家的东西，就是小说家的能力。包括《羊群过境》，如何把一则新闻挪移到一个体现父子关系的结构中间，需要的还是虚构能力。小说家的虚构能力中，最基本的就是重组生活的能力，然后，在这种重组之上使之飞翔起来。

我们要重申小说的虚构性，重申小说家的虚构能力，重申小说家的写实也要基于虚构和想象的冲动，同时，还要警惕有些作家以虚构和想象来掩饰文学能力的匮乏。我最后的问题是：你如何理解小说家与虚构的关系？

弋　舟　刚刚我们强调了小说的"在地性""及物性"和"即时性"，强调了小说对时代刻画和记录的必要性，但这一定不是小说的本质。这就是谈论文学的困难之处，当你强调一面时，你要对另一面始终怀有清醒的自觉。何平兄现在就亮出了那一面的自觉，而且，那一面或许对小说而言，还是更为重要的——小说要有飞跃的那一面，小说要有飞翔的性质。"虚构是我唯一的谋生手段"，这是印在海报上的话,首先说明的是一个物理事实,喏,如果把小说家算成一种职业,那么我确实以此为生;但为什么不说"纪实"是我唯一的谋生手段呢?因为说到底,小说本身是一门虚构的艺术。

何　平　作为一种叙事性文体,如果小说的虚构性丧失,这种文体就没有了存在的必要性。深度调查、田野调查,它们的实写性都比小说强大。如果小说丧失了虚构,这种文体也便死亡了。

弋　舟　虚构是极其神奇的、像上帝赋予人类的任何一门艺术能力一样的一种特殊性能力,一般来说,我们将之称为天赋,而虚构的能力就是小说家应有的天赋。非常遗憾,这种天赋如今在这个行当的从业者中,非但阙如,甚而还被一些以"实写"为能事的自得者所蔑视,被一些招摇者用来掩饰无能。

何　平　我认为中国小说有一个很重要的源头是先秦诸子散文的寓言,尤其是庄子寓言。

弋　舟　我们经常会把小说归于史传传统,但庄子显然更具虚构的天赋。除了天赋以外,虚构能力还需要有整体性的眼光,在万物之间形成关联,将风马牛不相及的事物进行神奇的嫁接。"羊群过境"的新闻怎么和小说中的故事结合，怎么在逻辑上自洽，怎么达成新的、审美的意味，都需要整体性的想象。

刚刚何平兄说到"时间"，我记得格非老师在他的名篇《相遇》中写过这么一段：侵略者把显微镜放在清朝官员眼下，一个虱子在显微镜下变得像老鼠那么大，这个时候官员怎么表达他的震惊？他说：他一度以为时间发生了变化。这种将视觉的震撼转化成了对于时间的浩渺的恐惧，正是我所说的那种整体性的眼光。

何　平　你说的整体性的眼光，或者我说的重组，这都是有虚构和想象能力的小说家的"现实"，百科全书式的更需要小说家宏阔视野的虚构和沸腾的想象。其实，我们说的都是常识，只是因为以"人间纪年"来命名，可能会招致误解。

对时间的尖锐感觉在今年特别明显。我们以前会认为，一年的时间是均匀的，我们没有太多关于时间的感觉。但在今年，我们每一个普通人都会无数次感慨时间。

弋　舟　在这个意义上，经历了这个庚子年的我们，又可以算作是"幸运"的了——我们空前地感知到了时间的重量。甚至已经有人倡议，可以把今年从人类的纪年里抹掉，来年重新过2020年。经历了这个庚子年，你会发现，时间才是我们人类生活的底座。那么什么是小说的底座呢？虚构，只能是虚构，哪怕它披着"纪年"的外衣。于是，时间与虚构这两个底座，本身似乎就是可以通约的了，时间在本质上就是有着虚构性的，而虚构，则是时间的形状。

何　平　我们原来是按照均匀的时间编织生活的，但忽然发现时间是不均匀的。事实上，这可能就是时间的本质。

弋　舟　当时间均匀的时候，我们对它是习焉不察的，而突然的事件让我们觉察到了它的陡峭。这就是今年的特殊性，但我们是如此地健忘。如果说"不均匀"才是时间的本质，或许我们也可以同样指认虚构的本质——它也不是均匀的，正是日常之中陡峭的那一部分。

何　平　2003年SARS期间，我被封在大学校园，那种心情，现在想来还有多少人记得？

弋　舟　我们忘掉了。它不仅从我们的文学作品里消失了，在我们的记忆里，在我们的情感里，都荡然无存了。

《庚子故事集》在一定意义上就是做出这样的努力，当我写下每一个字的时候，都是在镌刻着我在那个时刻的情绪，在那样的难度里，我咬着牙一个字一个字写，这对我构成意义，我把这个状态保留下来，即便作品存在瑕疵。

何 平 没有瑕疵的文学作品更可怕。

弋 舟 拉开一点距离，像老狐狸一样充满理性地抚摸它，调动自己既有的小说能力，将作品打磨得缺陷更少一点，这也许是可以做到的，但在这一年，我更愿意像一个莽撞的、没有那么多经验的作家一样把它写出来。这也算是我将小说当作了自己的一个方法。

何 平 你谈到的，可能就是今天的读者愿意读小说的重要动力。他们要去读小说中那种特别微妙的、属于小说家天赋的部分，去读那些秘而不宣的部分，那些不一定"经验十足"的部分。

《山西文学》2021 年第 5 期